Von Michael Mary sind in der Verlagsgruppe Lübbe außerdem lieferbar:

60512	5 Lügen die Liebe betreffend
60532	5 Wege die Liebe zu leben
60539	Change – Lust auf Veränderung
60553	Die Glückslüge
60561	Lebe deine Träume
60566	Mythos Liebe
2233	Und sie verstehen sich doch!

Über den Autor:

Michael Mary, geboren 1953, ist verheiratet und lebt in der Nähe von Hamburg. Seit 1979 führt er Beratungen und Seminare zum Thema Partnerschaft und Persönlichkeitsentwicklung durch. Informationen zur Person und zu seinen Büchern sind auf der Homepage www.michaelmary.de zu finden.

Michael Mary

Das Leben lässt fragen, wo du bleibst

Wer etwas ändern will, braucht ein Problem

BASTEI LÜBBE TASCHENBUCH
Band 60585

1. Auflage: September 2007

Vollständige Taschenbuchausgabe
der im Gustav Lübbe Verlag erschienenen Hardcoverausgabe

Bastei Lübbe Taschenbücher und Gustav Lübbe Verlag
in der Verlagsgruppe Lübbe

© 2005 by Verlagsgruppe Lübbe GmbH & Co. KG,
Bergisch Gladbach
Titelillustration: Bianca Sebastian
Umschlaggestaltung: Bianca Sebastian
Satz: Bosbach Kommunikation & Design GmbH, Köln
Druck und Verarbeitung: GGP Media GmbH, Pößneck

Printed in Germany
ISBN 978-3-404-60585-9

Sie finden uns im Internet unter
www.luebbe.de

Der Preis dieses Bandes versteht sich einschließlich
der gesetzlichen Mehrwertsteuer.

INHALT

Vorwort 7
Einleitung 9

KAPITEL 1
DAS THEMA VERÄNDERUNG 15
Der Mann ohne Krisen 17
Wie das Scheitern weiterhilft 20
Eine Theorie der Veränderung 27

KAPITEL 2
VERÄNDERUNG IM INDIVIDUELLEN
LEBENSBEREICH 43
Die Psyche und ihre Umwelt 45
Das alltägliche Scheitern 55
Erwartungen 61
Identität 66
Angriffe auf die Identität 74
Die Bewältigung des Scheiterns 79
Schritte der Bewältigung 84
Einen anderen Namen annehmen 97
Die Chance des Bewältigtwerdenmüssens 100
Formen des Scheiterns und der Bewältigung 102
Langeweile bewältigen 105
Unzufriedenheit bewältigen 111

Unerwartete Ereignisse bewältigen 121
Krankheiten bewältigen 136
Das Sterben bewältigen 145

KAPITEL 3
VERÄNDERUNG IM BEREICH DER
PARTNERSCHAFT 151
Das Phänomen Beziehung 153
Die Kommunikation des Paares 162
Paaridentität 167
Angriffe auf die Paaridentität 169
Bewältigung auf Beziehungsebene 172
Beziehungen als eigenständige Wesen 178
Bewältigung von Beziehungsstörungen in der Praxis 181

KAPITEL 4
VERÄNDERUNG IM GESELLSCHAFTLICHEN
BEREICH 201
Das Kommunikationssystem Gesellschaft 203
Angriffe auf die gesellschaftliche Identität 218
Bewältigung gesellschaftlicher Störungen 220
Vom Unsinn des Wohlstandes und
dem Sinn der Armut 214

KAPITEL 5
DIE ERREGUNG DES LEBENS 235
Erregung und Unruhe 237
Sinnliche Verdichtung 242
Bedeutungserhöhung 243
Die Freiheit der Sterblichkeit 249

Anmerkungen 251

VORWORT

Dieses Buch will das große Thema Veränderung begreifbar machen, und zwar in den drei wichtigsten Lebensbereichen: dem individuellen, dem partnerschaftlichen und dem gesellschaftlichen Bereich.

Veränderungsphasen sind untrennbar mit Problemen und Krisen verbunden. Mittlerweile wird das Wort von der »Krise als Chance« allgemein akzeptiert. Das ist gut so, aber es reicht bei weitem nicht aus, um die herrschenden Vorurteile gegenüber derartigen Schwierigkeiten aufzuheben. Denn im Grunde bedeutet die »Krise als Chance« lediglich: »Wenn Sie Ihre Krise schon nicht verhindern konnten, dann machen Sie wenigstens das Beste daraus – und passen Sie das nächste Mal besser auf.«

Ich werde in meiner Einschätzung der Bedeutung von Problemen und Krisen wesentlich weitergehen. Ich werde die Krise nicht bloß als unvermeidbares Übel darstellen, sondern als notwendige Voraussetzung jeder Veränderung, werde also den Segen der Krise beschreiben.

Überspitzt formuliert lauten zentrale Thesen dieses Buches:
- Wollen Sie etwas verändern? Dann brauchen Sie ein Problem!
- Wollen Sie etwas Grundlegendes verändern? Dann brauchen Sie eine Krise!
- Wollen Sie in Ihrem Leben vorankommen? Dann sind Sie auf das Scheitern angewiesen!

Auch der Begriff des Scheiterns erfreut sich nicht der großen Wertschätzung, die ihm zusteht, im Gegenteil: Das Scheitern wird als vermeidbares Versagen und nicht als unabdingbare Bedingung des Erfolges angesehen.

Dabei bringt gerade das Scheitern den Erfolg!

Das Scheitern ist erforderlich, weil erst im Versuch seiner Bewältigung jene Entwicklung einsetzt, die wir schließlich als gelungene und erfolgreiche Veränderung bezeichnen.

Ich hoffe, dass es mir gelingt, diese möglicherweise paradox wirkenden Aussagen nachvollziehbar darzustellen und ich bin zuversichtlich, dass die Leser und Leserinnen dieses Buches nach dessen Lektüre den Problemen und Krisen und dem Scheitern in ihrem Leben die Anerkennung zukommen lassen, die diese Lehrmeister verdienen.

Michael Mary, Juni 2005

EINLEITUNG

Bei der Frage, wie Veränderung funktioniert, geht es auch um den Einfluss, den Menschen auf die Entwicklung ihres Lebens besitzen. Haben sich meine ersten Bücher mit den Möglichkeiten dieses Tuns befasst, erforschten die letzten dessen Grenzen[1], untersuchten den heute grassierenden Machbarkeitsmythos und gingen der Frage nach, ob das Leben mittlerweile tatsächlich so *lenkbar* geworden ist, wie eine zunehmende Zahl von Psychologen, Wissenschaftlern und Lebensberatern das behauptet.

Der moderne Machbarkeitswahn lebt von dem Versprechen und dem Wunsch, Unsicherheiten, Unglück und Leiden aus dem menschlichen Leben zu verbannen. Dem widersprechend, gebe ich am Ende meines Buches *Die Glückslüge* eine Empfehlung, die, wie ich aus zahlreichen Rückmeldungen von Lesern erfahren habe, als sehr anregend und hilfreich empfunden wird. Ich beschreibe Krisen als unvermeidbar und lehrreich und schlage in diesem Zusammenhang vor, das Wort *Lösung* aus dem Wortschatz zu streichen und durch den Begriff *Prozess* zu ersetzen. Dem liegt die Erkenntnis zugrunde, dass sich schwierige Lebenssituationen nie plötzlich, sondern erst im Verlauf komplexer Veränderungsvorgänge auflösen, deren Verlauf und Ausgang zudem ungewiss ist. Solche Prozesse werden gerade deshalb, weil sie komplex, undurchsichtig und kaum bewusst steuerbar sind, in der Regel krisenhaft erlebt.

Persönliche Veränderungsprozesse und Krisen sind demnach untrennbar miteinander verbunden. Trotzdem haftet dem Begriff der Krise stets ein bitterer Beigeschmack an. Niemand begrüßt eine solche Lebensphase, auch wenn er danach zugeben wird, er habe der Krise viel Gutes und Neues zu verdanken. Statt Krisen krampfhaft vermeiden zu wollen, empfiehlt es sich, eine möglichst gelassene Haltung ihnen gegenüber einzunehmen. Mit dieser Empfehlung endet meine Betrachtung von Veränderungsprozessen in *Die Glückslüge*.

Ich werde in diesem Buch nun einige wesentliche Schritte weitergehen und die Bedeutung von Krisen nicht bloß als Chance, als Unvermeidlichkeit, sondern als Entwicklungsbedingung veranschaulichen. Ich werde kleine und große Lebenskrisen als Phasen beschreiben, in denen sich das Gefühl, lebendig zu sein, intensiviert, in denen Unruhe, Aufregung und schließlich Neuorientierung stattfinden.

Ich werde Krisen als Bedingung der Erneuerung des Lebens beschreiben.

Im Jahr 2005 erscheint es zeitgemäß, das Thema Veränderung nicht allein aus psychologischer Perspektive zu betrachten. In den letzten Jahren hat die Soziologie wichtige Erkenntnisse zum Thema geliefert, die sich unter dem Begriff des *Systemischen* in Wissenschaft, Psychologie und Therapie ausbreiten. Die Erkenntnisse moderner Systemforschung finden auch deshalb zunehmend Beachtung, weil sie neue Erklärungs- und Umgangsmöglichkeiten mit dem Thema Veränderung anbieten.

Deshalb schildere ich zu Beginn des Buches die systemische Sicht auf das Thema Veränderung und erläutere die grundlegenden Begriffe der Systemforschung. Dazu gehört es, Menschen (unter anderem) als psychische Systeme zu begreifen und ihre Umweltbeziehungen darzustellen.

Dabei wird deutlich werden, dass und wie das Leben den Menschen auffordert, ihm zu folgen: Indem es die Umwelt der Psyche verändert, eilt das Leben dem Menschen voraus, und ihm bleibt nichts anderes übrig, als sein Zurückbleiben zu bewältigen.

Sein Zurückbleiben versteht der Mensch als Scheitern, dessen Bewältigung als Erfolg. Insofern ist das Scheitern im Programm des Lebens angelegt und kann dem Menschen nicht als Versagen angelastet werden, es zwingt ihn vielmehr, nach Erfolg zu streben. Aus dem alltäglichen Scheitern ergeben sich die *Chancen des Bewältigtwerdenmüssens*.

Dieser paradoxe Ausdruck zeigt sehr genau, worum es geht. Das Leben erneuert sich nicht durch gute Absicht und kluge Voraussicht, sondern es bedarf dazu der Bewältigung des Scheiterns. Ohne diese Notlage, die zur Veränderung zwingt, würde jedes Leben seine Entwicklung einstellen und recht bald sein Ende finden.

So erweist sich das Scheitern als eigentliche Bedingung des Lebens; das erst in der Bewältigung ebendieses Scheiterns seinen Fortgang findet.

Diese Erkenntnisse gilt es dann auf unsere wesentlichen Lebensbereiche zu übertragen. Das geschieht in drei Kapiteln, die sich dem Thema Veränderung im *individuellen*, im *partnerschaftlichen* und im *gesellschaftlichen* Bereich widmen. In allen drei Bereichen wird das Scheitern durch Erwartungen verursacht. Insofern lässt sich das Leben des Menschen als eine Geschichte fortwährend scheiternder Erwartungen und fortwährender Bewältigung von unerwarteten Veränderungen erzählen.

Eine solche Erzählung unterscheidet sich krass von den momentan noch üblichen, an Erfolg und Glück orientierten, eindimensionalen Geschichten über das Leben, die im Scheitern ein Versagen und in der Bewältigung bestenfalls ein (notwendiges) Übel sehen, das sich ersparen könne, wer klug genug handle.

Mir ist klar, dass die Begriffe des *Scheiterns* und *Bewältigens* kaum mit Begeisterung aufgenommen werden. Noch immer begegnen mir seitens der Medien Forderungen, Interviews und Artikel »positiv« zu formulieren. Noch werden allerorts frohe Botschaften des Erfolgs, der Glücksformeln und Lebensrezepte verteilt. Gegen solch unkritische Erfolgshudelei könnte aufgeführt werden, dass beispielsweise das scheinbar positivste Land der Welt, die USA, ständig mit negativsten Bedingungen, mit Gewalt, Rassismus, Armut und Krieg konfrontiert ist. Offensichtlich führt das Leugnen von Problemen letztlich nur tiefer in sie hinein, und offensichtlich setzt sich das Scheitern gegen jeden Zwang zum so genannt Positiven durch.

Auch hierzulande breitet sich momentan das Scheitern aus. Die Aufschwungphase der Nachkriegszeit gehört der Vergangenheit an, die Wirtschaft läuft längst nicht mehr von selbst. Die Verteilung des Reichtums im Rahmen der Globalisierung mutet den Menschen unerwartete Einschränkungen zu. Hinzu kommen Börsenkrise, umfassende Arbeitslosigkeit bis in die Mittelschicht hinein, Senkung des Lebensstandards, Begrenzungen der Gesundheitsversorgung, Umkehrung der Alterspyramide.

Generell nimmt die Verunsicherung durch veränderte Lebensbedingungen zu: unstabile Partnerschaften und zunehmende Scheidungsgefahr, labilere Familienformen, nicht kalkulierbare Lebensläufe, eine sich ausbreitende Zukunftsangst – in einem insgesamt zunehmend weniger verlässlichen Leben sind die Facetten des Scheiterns allgegenwärtig.

Beängstigend scheinen diese Entwicklungen, und dennoch

eigenartig spannend. Es steckt eine Faszination darin, eben die Faszination des Ungewissen, des Lebendigen.

Die Faszination des zu bewältigenden Lebens. Was wird auf uns zukommen? Was werden wir gewinnen, indem wir etwas verlieren? Wie werden wir das Scheitern bewältigen?

Stellen Sie sich vor, Sie müssten am Ende Ihres Lebens eine Biographie schreiben. Wodurch würde dieses Buch spannend, fesselnd, aufregend? Womit könnten Sie Begeisterung beim Leser hervorrufen und seine Aufmerksamkeit fesseln? Indem Sie langweilige Erfolgsgeschichten abspulen?

Nein, sondern indem Sie über grandioses Scheitern und erstaunliche Bewältigungen berichten. Alle großen Romane leben von dieser Spannung, und weil diese Romane vom Leben erzählen, lebt auch das Leben selbst von dieser Spannung.

Wem es gelingt, dem Scheitern nicht nur verunsichert und ängstlich, sondern auch mit Neugier zu begegnen, der spürt den Kitzel des Lebendigen. Wer das Scheitern akzeptiert und es bewältigt, mag eine Zufriedenheit empfinden, wie nur ein vollständig gelebtes Leben sie hervorbringt.

So mag es denn kommen, das Scheitern ... wir können gespannt auf seine Bewältigung sein.

KAPITEL 1
DAS THEMA VERÄNDERUNG

*Ein Mann, der sein Leben scheinbar im Griff hat,
landet (Gott sei Dank) dennoch in einer Lebenskrise.*

DER MANN OHNE KRISEN

Vor mir sitzt ein 55-jähriger Mann, der den Ablauf seines bisherigen Lebens bis ins Detail zu schildern vermag.

Bisher sei alles nach Plan verlaufen, er könne auf ein reibungsloses Leben zurückblicken. Phase Eins seines Erwachsenendaseins habe er der beruflichen Entwicklung gewidmet. Dabei sei er so gut vorangekommen, dass er sich mittlerweile zur Ruhe setzen könne. Phase Zwei habe er dem Aufbau einer Familie gewidmet, was ebenfalls erwartungsgemäß verlaufen sei. Inzwischen machten sich die erwachsenen Kinder daran, das Haus zu verlassen, und er bereite sich auf Phase Drei vor. Diese bestünde in der Planung seiner Restlebenszeit.

Der Begriff »Restlebenszeit« und vor allem die Betonung, in der er dieses Wort ausspricht, erinnern mich an einen Verwaltungsvorgang. Was er von seinem »Restleben« denn erwarte, will ich erfahren? Seine Antwort lautet zusammengefasst: Alles scheine perfekt zu sein, aber auch leblos. Ein Tag sähe wie der andere aus. Die kommenden Ereignisse seien vorhersehbar. Nichts würde ihn überraschen, nichts wirklich freuen. Der Alltag quäle ihn, und das lasse ihm keine Ruhe.

»Dann lassen Sie uns jetzt ausreichend Überraschendes und Lebendiges und Freudiges für Ihre Restlebenszeit planen«, schlage ich ihm vor und will wissen, was er beispielsweise am 17. September 2012 spontan erleben wolle.

Der Mann sieht mich etwas verdutzt an, dann huscht ein Lächeln über sein Gesicht, das von einer Phase stiller Traurigkeit abgelöst wird, gefolgt von einem längeren Schweigen, das einige Erklärungen hervorbringt.

Er müsse zugeben, sagt der Mann, er wisse nicht weiter. Diese eigenartige Leere, die er jetzt in diesem Augenblick und seit geraumer Zeit verstärkt wahrnehme, habe er stets zu vermeiden gesucht. Seine Lebensplanung habe darauf beruht, vorher zu wissen, wie es weitergehen soll. Mit Ungewissheit könne er nicht umgehen. In den letzten Jahren verfolge ihn daher der Gedanke, sein Leben sei gescheitert. Er frage sich sogar, ob er jemals richtig gelebt habe. Dann fügt er entschlossen hinzu, so ginge es auf jeden Fall nicht weiter. Auf meine Frage, ob er sich in einer Krise befinde, in einer Sinnkrise, antwortet er zögerlich. Ja, so könne man das nennen – wenn man unbedingt wolle.

Nun ist der Mann, der ein reibungsloses Leben plante, in seinem 56. Lebensjahr in eine Krise geraten. Er spricht sogar davon, sein Leben wäre gescheitert. Statt als lebendig und anregend empfindet er sein Leben als leblos und freudlos. Er weiß nicht weiter und ist mit seinem Latein am Ende, was er als Krise erlebt.

Was nun? Soll man den Mann dafür bedauern, in eine Krise geraten zu sein? Keinesfalls, ganz im Gegenteil: Man sollte ihn dazu beglückwünschen! Gott sei Dank ist er an diesem Punkt mit seinen Plänen und Planungen gescheitert. Sonst wäre er mit seiner »Restlebenszeit« in gewohnter Manier verfahren und hätte die gesuchte Lebendigkeit gekonnt und perfekt verplant!

Erst jetzt, auf dem Hintergrund der Erkenntnis, »Phase

Drei« seines Lebens eben nicht planen zu können, hält er inne und besinnt sich.

Was motiviert ihn zu diesem Innehalten? Weder Vorausschau noch bewusste Lebensplanung, weder Absicht noch Weitsicht, sondern schlicht und einfach der Fakt, dass es *so* nicht weitergeht. Dass er mit seinem alten Latein am Ende ist. Dass ihm der Sinn allen Planens abhanden gekommen ist. Dass seine bisherigen Konzepte nicht mehr funktionieren. Einzig aus diesen Gründen sucht er nach etwas Neuem.

Das Gefühl der Leere, die Resignation, das Nicht-Weiter-Wissen, sein Scheitern – kurzum all das, was er als Krise empfindet – ist wichtig. Es weist ihn darauf hin, dass das Leben ihm enteilt ist, und es motiviert ihn, dem Leben zu folgen.

Ohne Scheitern kein Erfolg.

WIE DAS SCHEITERN WEITERHILFT

Schauen wir uns doch mal genauer an, wie die Bereitschaft des »Mannes ohne Krisen« entstand, sein Leben zu ändern. Man könnte den Verlauf dieser Entwicklung folgendermaßen beschreiben:

Der Gemütszustand des Mannes wird gestört, rätselhafte emotionale Zustände von Leere quälen ihn und lassen ihm keine Ruhe. Er befasst sich notgedrungen mit diesen Störungen und erkennt, dass seine Sehnsucht nach Lebendigkeit dahinter steht. Er realisiert gleichzeitig, dass er ein erstarrtes und freudloses Leben führt und stellt fest, keine Alternative zu seiner bisherigen seelischen Planwirtschaft zu haben. Das deprimiert ihn. Genau diese deprimierende Leere hatte er zeitlebens vermeiden wollen; jetzt steckt er mitten in einer Krise und erlebt diese als Scheitern. Um diese Situation zu bewältigen, macht er sich auf die Suche.

Halten wir fest: Erst das spürbare Leid an seiner Lebensführung stellt die Bereitschaft her, sich auf die Suche nach einem lebendigeren und freudvolleren Leben zu begeben.

KRISEN SCHAFFEN MOTIVATION

Zieht man eine verallgemeinernde Schlussfolgerung aus dieser Ablaufbeschreibung, so lautete diese:
Ohne Krise keine Veränderungsbereitschaft.

Dieser Mechanismus scheint vernünftig zu sein. Denn wenn im Leben alles gut läuft, gibt es nicht den geringsten Grund, etwas zu verändern. Veränderungsbedarf stellt sich erst dann ein, wenn bisherige Lebenskonzepte keine zufrieden stellenden Ergebnisse und Erfahrungen mehr liefern.

Erst wenn es so nicht mehr weitergeht, das heißt, wenn ein Mensch über ein für ihn akzeptables oder erträgliches Maß hinaus leidet, wird das Projekt Veränderung in Angriff genommen.

DAS UNÜBERSCHAUBARE LEBEN

Warum aber sollte dieser Mechanismus zwingend eintreten? Schließlich glauben die meisten Menschen, durch gewissenhafte Planung, exakte Prognosen und weit blickende Vorausschau, durch eine so genannte »richtige« Lebensführung, ließen sich Leid und Krisen vermeiden. Einer solchen Auffassung möchte ich vehement widersprechen.

Ich bin nämlich der Auffassung, dass der Mensch *sein* Leben nicht auf *das* Leben einstellen kann und alle Versuche, Probleme und Krisen zu vermeiden, aussichtslos sind, und zwar aus einem recht einfachen Grund. Weil zwischen *dem* Leben und *seinem* Leben ein riesiger Unterschied besteht. *Das* Leben ist viel zu komplex und viel zu unüberschaubar, als dass ein Mensch es erfassen könnte.

Als *das* Leben bezeichne ich hier jenen endlosen Raum von Möglichkeiten, Vorgängen und Ereignissen, von denen ein Mensch zu einem gegebenen Zeitpunkt nichts weiß, obwohl sie ihn jederzeit betreffen können.

Beispielsweise sieht niemand kommen, was im nächsten Augenblick, in der nächsten Stunde oder am nächsten Tag geschehen wird. Wer sich am Nachmittag auf den Weg zum Bäcker begibt, dem kann vieles passieren, mit dem er nicht rechnet: Er könnte von einem Auto angefahren werden, die Frau oder den Mann seines Lebens treffen, in eine Schlägerei verwickelt werden oder ein gut gefülltes Portemonnaie finden oder...

Haben nicht die meisten Menschen geglaubt, ihre Arbeitsplätze und ihre Renten und damit ein ausreichendes Einkommen im Alter wären gesichert? Hat jemand den Irakkrieg kommen sehen? Weiß irgendwer, wie sein Leben in einem Jahr aussehen wird? Nein. Das Leben ist nicht einmal in den nächsten Minuten sicher vorhersehbar, geschweige denn auf lange Sicht.

Natürlich leben die Menschen dennoch so, als ob sie wüssten, was auf sie zukommt. Es bleibt ihnen gar nichts anderes übrig, als sich nach solchen Zukunftsvorstellungen zu richten, ansonsten würden sie rat- und tatenlos herumsitzen. Ebenso natürlich ist es aber, dass sich das Leben nicht an diese Planungen hält. Ganz im Gegenteil. Wer alte Menschen interviewt, kann erfahren, dass deren Leben oft und gerade in wichtigen Punkten völlig unerwartete Wendungen genommen hat, von denen sie nichts wussten und auch nichts wissen konnten.

DAS NICHTWISSEN

Für den Menschen bedeutet das: *Sein* Leben wird immer wieder durch *das* Leben verändert, ohne dass er sich auf diese Veränderungen einstellen kann.

Ein zutreffender Name für das Leben lautet daher: das Nichtwissen.

Dem Leben gegenüber steht *sein* Leben als jener kleine überschaubare Bereich, innerhalb dessen ein Mensch an den schier unendlichen Möglichkeiten des Nichtwissens teilhat. Was zu *seinem* Leben gehört, darüber ist er halbwegs orientiert, darauf hat er sich eingestellt und damit kann er umgehen. Zu seinem Leben gehört das Wenige, was ein Mensch weiß und vor allem das, was er zu wissen glaubt: seine Erwartungen.

DAS UNERWARTETE KOMMT GARANTIERT

So sehen wir den Menschen auf dem scheinbar sicheren Boden seines Wissens und seiner Erwartungen stehen, und es ist nur eine Frage der Zeit, bis ihm das Unerwartete begegnet. Mit dem Unerwarteten kann er nicht rechnen und darauf kann er sich nicht sogleich einstellen. Deshalb zieht das Leben in diesem Augenblick an ihm vorbei.

Da er nicht rechtzeitig auf den vorbeifahrenden Zug des Lebens aufspringen kann, da er nicht vorausschauend auf das Unerwartete reagiert, rauscht das Leben an ihm vorbei und lässt ihn zurück, und er läuft Gefahr, mit dem Leben nicht mehr zurechtzukommen.

Es macht demnach Sinn zu behaupten, das Leben fordere die Menschen von Zeit zu Zeit auf, ihm zu folgen und es würde dies tun, indem es sie mit Unerwartetem konfrontiert.

Die Begegnung mit etwas Unerwartetem geht nicht spurlos an einem vorüber. Sie löst Irritationen unterschiedlichster Intensität aus, Unsicherheiten, Ängste, Leiden oder Krisen. Ein Krisenempfinden entsteht, wenn ein Mensch realisiert, dass das Leben an ihm vorbeigerauscht ist – dass etwas geschehen ist, das ganz und gar nicht zu seinen Erwartungen passt. Diese Empfindung ist vergleichbar mit der Reaktion, die man am Bahnhof zeigt, wenn man mit beiden Koffern in den Händen die Treppe zum Bahnsteig hochsteigt und feststellt, dass der Zug sich gerade in Bewegung setzt. Man läuft erschreckt los und versucht, den Zug noch zu erreichen.

BEWÄLTIGENMÜSSEN

Der Mensch, der feststellt, dass ihm das Leben vorausgeeilt ist, wird alles tun, sein Zurückbleiben zu bewältigen.

Er wird versuchen, seine Erwartungen an das Leben anzupassen, sich auf veränderte Bedingungen einzustellen und das Unerwartete in sein Leben zu integrieren. Er wird nach Möglichkeiten suchen, seine Situation zu bewältigen. Er muss *sein* Leben wieder auf *das* Leben abstimmen.

Da sein »Aufholversuch« nicht freiwillig erfolgt, kann man nur vom Bewältigenmüssen solcher Situationen sprechen.

Das Leben eilt dem Menschen voraus, es enteilt ihm sozusagen, und er sieht sich gezwungen, ihm zu folgen. Jeden Moment kann etwas Unwahrscheinliches oder scheinbar Unmögliches geschehen, jeden Augenblick kann sich eine unerwartete Entwicklung ergeben. Nur eines scheint relativ gewiss zu sein: Die nächste Begegnung mit dem Unerwarteten, die nächste Unsicherheit, die nächste Krise, die nächste Chance des Bewältigenmüssens kommt bestimmt. Das gilt auf sozialer Ebene, in Partnerschaften und im Leben des Einzelnen auf vergleichbare Weise.

DAS SCHEITERN IST GARANTIERT

Braucht es Belege für eine solche Aussage? Auf gesellschaftlicher Ebene könnte man aus der unmittelbaren Vergangenheit die unerwartete Börsenkrise aus dem Jahr 2001 nennen, ebenso den unerwarteten Zusammenbruch des Ostblocks. Gleiches gilt für die unerwarteten Ereignisse des 11. Septembers in New York oder den gigantischen Tsunami vom Dezember 2004 in Asien. Was wird als Nächstes kommen? Niemand weiß, wie sich die Welt in den nächsten Jahren entwickeln wird.

Genauso verhält es sich im Bereich menschlicher Beziehungen. Eine Scheidung kommt trotz allem unerwartet und ganz bestimmt unabsichtlich. Die nächste Verliebtheit geschieht ebenso überraschend. Eine Freundschaft platzt unbeabsichtigt. Ein nahe stehender Mensch stirbt unvermittelt. Die Kündigung des Arbeitsplatzes schockiert, ein Unfall stößt plötzlich zu, eine Krankheit stellt sich aus dem Nichts heraus ein.

Sähe man das Unerwartete kommen, könnte man sich darauf einstellen. Doch alle Voraussagen können lediglich sichtbare Einflüsse berücksichtigen und müssen zudem davon ausgehen, dass diese in Zukunft erhalten bleiben. Weil jedoch das Nichtwissen eben gerade *nicht* darin enthalten sein kann, sich aber früher oder später in die Ereignisse einmischt, stellen sich Voraussagen in den meisten Fällen als unzutreffend dar. Das gilt für alle Arten von Voraussagen, für persönliche, für gesellschaftliche, für politische und wirtschaftliche.

Deshalb, weil man die Entwicklungen und Veränderungen des Lebens nicht vorhersehen kann und weil man sich nur auf das Naheliegende, das schon Sichtbare, Fühlbare und Greifbare, einzustellen vermag, ist das Scheitern unvermeidlich.

DAS SCHEITERN BRINGT ERFOLG

Zu scheitern bedeutet entgegen landläufiger Meinung allerdings nicht, versagt zu haben. Sein Scheitern kann dem Menschen nicht angekreidet werden, da es nicht auf ein fehlerhaftes Lebenskonzept zurückzuführen ist. Immerhin hat seine Lebensweise bisher ihren Zweck erfüllt.

Das Scheitern wird vielmehr durch Veränderungen herbeigeführt, die das Leben mit sich bringt.

So markiert das Scheitern lediglich einen Punkt, von dem aus es anders weitergehen muss, wenn es weitergehen soll. Der Sozialwissenschaftler Dirk Baecker formuliert das so:

Das Leben gewinnt seine Fortsetzung aus der Bewältigung des alltäglichen Scheiterns.[2]

Landläufig herrscht hingegen die Meinung, das Leben würde sich aus Visionen und Plänen, guten Ideen und gewollter, vorausschauender Veränderung entwickeln. Diese Vorstellung wird durch den grassierenden Machbarkeitsmythos gestützt. Dieser fundamentale Irrtum speist sich aus der Hoffnung, man könne sich das Scheitern ersparen, indem man »richtige« Strategien entwirft und sich »rechtzeitig« auf Entwicklungen einstellt. Doch diese Hoffnung trügt. Die richtige Strategie ist nicht planbar, die richtige Reaktion nicht im Voraus bestimmbar. Passende Strategien und Reaktionen ergeben sich erst aus dem Versuch, das Scheitern zu bewältigen.

All dies führt zu der ebenso unvermeidlichen wie scheinbar unerfreulichen Schlussfolgerung:

Das Scheitern bringt den Menschen voran, nicht das Gelingen. Die Krise bringt den Wandel.

So, wie es dem »Mann ohne Krisen« geschehen ist.

Mensch, Beziehung und Gesellschaft stellen abgeschottete Systeme dar, die für die Veränderungen ihrer jeweiligen Umwelt weitgehend blind sind. Um sich verändern zu können, sind diese Systeme auf Störungen angewiesen.

EINE THEORIE DER VERÄNDERUNG

Scheinbar selbstverständlich geht man davon aus, dass ein einzelner Mensch, eine Beziehung oder eine ganze Gesellschaft sich verändern müsse. Das sagt sich leicht daher. Wie Veränderung funktioniert, wird allerdings erst verständlich, wenn man die Bedingungen einer Veränderung und auch die »Gegenstände«, auf die sie sich bezieht, näher untersucht. Wir kommen also um eine kurze Theorie der Veränderung nicht herum.

Lassen Sie mich diese Theorie mit den »Gegenständen« der Veränderung beginnen.

Was genau ist unter den Begriffen Mensch, Beziehung und Gesellschaft zu verstehen? Worauf wird beispielsweise Bezug genommen, wenn man von einem einzelnen Menschen, einem Individuum, spricht? Auf seine biologischen oder sozialen Funktionen? Eher nicht. Obwohl seine biologischen und sozialen Funktionen ebenfalls zu einem Menschen gehören, bezieht man das Thema Veränderung beim Individuum auf seine psychische Funktion und spricht schlicht von »der Psyche«. Wenn ein Individuum sich verändern soll, ist damit eine psychische Veränderung gemeint.

Was aber ist eine Psyche? Wodurch zeichnet sie sich aus? Wodurch lässt sich eine Psyche als solche erkennen? Wodurch unterscheidet sich die Psyche von anderen »Bestandteilen« des Menschen oder auch von Beziehungen?

Diese Frage lässt sich über die Vorgänge beantworten, die sich in einer Psyche abspielen und die ihre Funktion ausmachen, also darüber, was eine Psyche tut: Eine Psyche nimmt wahr.

Die Funktion der Psyche besteht allein in der Wahrnehmung, und in sonst nichts.

Wahrnehmung wiederum bezeichnet den Vorgang, in dem neuronale Impulse (die von Seh-, Hör- und Tastnerven geliefert werden) aufgenommen und gedeutet werden und bestimmte Sinnzuweisungen erhalten, aus denen sich dann Handlungsoptionen ergeben.

Halten wir an diesem Punkt fest: Eine Psyche ist durch die Vorgänge (Operationen) definiert, die in ihr stattfinden, und das sind Wahrnehmungen.

Deshalb wird eine Psyche als Wahrnehmungssystem bezeichnet.

Damit unterscheidet sich eine Psyche von einer Beziehung oder einer Gesellschaft. Denn weder in einer Beziehung noch in einer Gesellschaft spielen sich Wahrnehmungen ab. Eine Beziehung hat kein Gehirn, eine Gesellschaft ebenso wenig, und deshalb können beide nicht wahrnehmen, nicht deuten, nicht denken, nicht erinnern, nicht projizieren.

Auf die Frage, was eine Beziehung oder eine Gesellschaft tun, gibt es nur eine vernünftige Antwort: sie kommunizieren.

Die Funktion von Beziehung und Gesellschaft liegt ausschließlich in der Kommunikation.

Kommunikation ist ein Vorgang, in dem Mitteilungen gemacht und anschließend verstanden werden, was zu neuen Mitteilungen führt, die ebenfalls verstanden werden und so fort.

Auch Beziehung und Gesellschaft kann man durch die

Vorgänge (Operationen) definieren, die in ihnen stattfinden, und das sind Kommunikationsabläufe.

Beziehung/Gesellschaft sind Kommunikationssysteme.

Wir können also psychische von sozialen Systemen unterscheiden, weil sie für den Beobachter erkennbar etwas Verschiedenes tun.

Wenn jemand von der Psyche spricht, bezieht er sich auf Wahrnehmung, und wenn er von Beziehung/Gesellschaft spricht, bezieht er sich auf Kommunikation.

Spricht er hingegen vom Körper, bezieht er sich wiederum auf andere, nämlich auf biologische Vorgänge, beispielsweise auf die Zellteilung. Das Tun des Körpers unterscheidet sich vom Tun der Psyche und vom sozialen Tun.

Im Körper laufen biologische Vorgänge ab, weshalb man den Körper als biologisches System bezeichnet.

FUNKTIONSSYSTEME

Wenn man von Psyche, Beziehung/Gesellschaft und Körper spricht, beschreibt man demnach drei unterschiedliche Funktionssysteme. Der Beobachter – und wir alle sind nichts als Beobachter – vermag nur zu beschreiben, was er wahrnehmen kann. Er beschreibt kein wie auch immer vorgestelltes Ganzes, nicht den »ganzen« Menschen als eine psychische, soziale und biologische Einheit, sondern er beschreibt das, was sich am Menschen beobachten lässt – das Tun einzelner Funktionssysteme.

Es ist nämlich schlicht unmöglich, den Menschen als »Ganzes« zu definieren, weil sich das Ganze nicht gleichzeitig beobachten lässt. Man kann lediglich sagen, der Mensch funktioniere in verschiedenen Systemen, in einem psychischen, einem sozialen und einem biologischen System.

SYSTEME SCHOTTEN SICH AB

Nimmt man diese drei Systeme unter die Lupe, hat man den Eindruck, dass sie weitgehend unabhängig voneinander funktionieren.

Das biologische System – Zellwachstum, Hormonproduktion, Immunsystem usw. – funktioniert unabhängig von der Psyche, davon, was jemand denkt, ob er wach ist oder schläft oder welche Weltanschauung er vertritt. Selbst wenn jemand im Koma liegt, funktioniert das biologische System zum größten Teil. Die Psyche bekommt ihrerseits nicht mit, ob sich Zellen teilen oder welche Hormone gerade produziert werden. Und auch Beziehungen/Gesellschaften kommunizieren unabhängig von den spezifischen Vorgängen, die sich in Körpern abspielen. Jedes System funktioniert gewissermaßen »für sich«.

Diese »operative Geschlossenheit« von Systemen, wie der wissenschaftliche Fachbegriff für ihre Abschottung lautet, ist Voraussetzung für ihr Funktionieren. Ein System schließt die Umwelt und deren Komplexität aus, um sich ganz auf die eigene Reproduktion zu konzentrieren. Anders wäre es für Systeme gar nicht möglich, ihren Aufgaben nachzukommen.

Müsste beispielsweise eine Zelle durch das psychische System zur Zellteilung aufgefordert werden und müsste die Zelle warten, bis die Wahrnehmung sich mit der Zellteilung einverstanden erklärt, würde das biologische System schnell zugrunde gehen. Gleiches geschähe, wenn die Zellteilung nur aufgrund einer speziellen Gefühlslage, etwa bei guter Laune, zugelassen würde. Solche direkte Vernetzung würde so viel Zeit und Kapazität in Anspruch nehmen und so viele Bedingungen schaffen, dass die Evolution über die Entwicklung von Einzellern wahrscheinlich kaum hinausgekommen wäre.

Ebenso undenkbar wäre es, wenn eine Psyche offen für eine andere Psyche wäre und die Gedanken und Bilder der einen in der anderen auftauchen könnten. In diesem Chaos wären keine geordnete Wahrnehmung und damit kein Leben möglich.

Systeme funktionieren also gerade deshalb so gut, weil sie operativ geschlossen sind, weil sie abgeschottet sind und auf ihre Umwelt kaum Rücksicht nehmen. Stattdessen folgen sie eigener Logik und eigenem Sinn.

SYSTEME ERZEUGEN SICH SELBST

Die Abschottung der Funktionssysteme hängt sicherlich mit ihrer Entstehung zusammen.

Das erste Funktionssystem, das die Evolution hervorbrachte, war zweifelsfrei biologischer Art. So stammen beispielsweise alle Zellen, die auf dieser Welt vorkommen, von einer einzigen Urzelle ab, die vor knapp 4 Milliarden Jahren in den Tiefen des Meeres oder im urzeitlichen Meeres-Eis entstand. Diese Zelle hat sich entwickelt und im Laufe der Zeit sind unzählige Arten und Lebensformen daraus entstanden.

Irgendwann hat sich dann – auf der Grundlage eines Körpers – ein psychisches System gebildet. Diese Beschreibung ist zutreffend: Das psychische System *hat sich selbst* gebildet, es ist nicht von einem anderen System gebildet worden.

Der Körper hat nicht eines Tages entschieden, eine Psyche zu bilden. Um das tun zu können, hätte er bereits eine Psyche und die mit ihr verbundene Wahrnehmungsfähigkeit haben müssen. Die Psyche ist also von selbst entstanden, ganz allmählich, aus dem einzigen Grund, weil das jetzt möglich war.

Gleiches gilt für die zahllosen biologischen und sozialen Systeme dieser Welt. *Jedes System ist selbst erzeugt.* Niemand hat beispielsweise entschieden, dass Affen, Löwen, Gesellschaften und Beziehungen entstehen. Diese Systeme haben sich gebildet. Wer etwas anderes glauben will, muss zur Erklärung dessen auf Gott als den Schöpfer zurückgreifen.

Systeme sind ihr eigenes Werk, und nicht das Werk ihrer Umwelt, wie man meinen könnte. Die Umwelt hat keinen Bauplan für Systeme herausgegeben und stellt auch keine Ablaufregeln für deren Erhalt zur Verfügung. Die Umwelt verschweigt einem System sogar, was funktionieren wird oder was mit Sicherheit danebengeht. Das herauszufinden ist Sache des Systems.

Die Umwelt stellt lediglich Möglichkeiten bereit, die von Systemen genutzt werden können, und hält sich aus der Systemgestaltung selbst heraus.

Welche biologischen Systeme, also welche Organismen, sich beispielsweise auf einem Misthaufen ansiedeln, entscheidet nicht der Misthaufen, er stellt lediglich bestimmte Nährstoffe zur Verfügung. Ob darauf ein Pilz, eine Pflanze oder ein Baum wachsen, ob der Pilz gepflückt, die Pflanze vom Winde verweht wird oder der Baum im weichen Untergrund umfällt, ist dem Misthaufen gleichgültig.

SYSTEME SIND NUR ÜBER SPEZIELLE STRUKTUREN AN DIE UMWELT GEKOPPELT

Natürlich existieren und funktionieren Systeme trotz ihrer starken Abschottung nicht unabhängig von ihrer Umwelt. Aber sie beziehen sich in ihrer Funktion nur auf sehr wenige, ganz spezifische Umweltbedingungen, denen sie die Möglichkeit ihrer Entstehung zu verdanken haben, auf die sie deshalb vollständig und unmittelbar angewiesen sind.

Der Pilz auf dem Misthaufen ist nur auf ganz bestimmte

Nährstoffe angewiesen, der Baum auf dem gleichen Untergrund wiederum hängt von anderen Substanzen ab. So ist jedes System auf eine spezifische »kleine Umwelt« angewiesen und baut seine Strukturen passend zu den konkreten Bedingungen dieser kleinen Umwelt auf.

Über die Strukturen, die es aufbaut, entscheidet aber das System und nicht seine Umwelt.

Schon beim und erst recht nach dem Andocken an die Umwelt machen Systeme »ihr eigenes Ding«, indem der Pilz entscheidet, ein Pilz zu sein und indem der Baum entscheidet, ein Baum zu sein und indem jeder Organismus eigene Strukturen entwickelt. Der Misthaufen hat sozusagen keinen Einfluss darauf, was die einzelnen Organismen mit seinen Nährstoffen anstellen.

Daher ist ein System ausschließlich über sich selbst, *über die eigenen Strukturen,* mit seiner Umwelt verbunden. Diese Verknüpfung wird als *strukturelle Kopplung* bezeichnet. Eine solche Kopplung kann man sich als umweltsensiblen Bereich oder als Brücke zur Umwelt vorstellen.

SYSTEMTHEORIE

Vielleicht haben Sie bemerkt, dass ich hier Erkenntnisse der Systemtheorie referiere. Die Systemtheorie ist eine soziologische Theorie, die in Deutschland vor allem von dem Bielefelder Professor Niklas Luhmann (1927–1998) entwickelt wurde. Bei meinen Ausführungen zur Systemtheorie beziehe ich mich deshalb in erster Linie auf ihn und den Bielefelder Soziologen Professor Dirk Baecker.[3]

Warum aber schildere ich die Systemtheorie? Weil sie besser als andere Theorien die Frage beantwortet, wie Veränderung funktioniert.

Lassen Sie mich also mit diesem spannenden Thema fortfahren, denn wir sind an einem für unser Thema bedeutungsvollen Punkt angelangt.

SYSTEME SIND VOLLSTÄNDIG UMWELTBLIND

Die beschriebenen Systemmerkmale – operative Geschlossenheit, Selbsterzeugung und die strukturelle Kopplung zur Umwelt – haben nämlich außerordentlich weit reichende Konsequenzen.

Aus ihnen folgt, dass ein System seine eigenen Vorgänge *nicht* dazu benutzen kann, um sich mit seiner Umwelt in Verbindung zu setzen.

Die Organismen auf dem Misthaufen können zwar einzelne Nährstoffe aufnehmen, aber sie können den Misthaufen nicht erforschen, beispielsweise um herauszufinden, wie groß der Vorrat an Nährstoffen noch ist oder wie viel Feuchtigkeit noch vorhanden ist oder welche Nährstoffe sonst noch darin vorkommen.

Da ein System nur mit sich selbst und den eigenen Operationen befasst ist, kann es nur eigene Vorgänge identifizieren. Es vermag keinerlei Fühler in die Umwelt auszufahren, um diese aktiv zu erforschen. Seine Umwelt und deren gesamte Ausdehnung sind und bleiben ihm ein Buch mit sieben Siegeln.

Das System kann nicht nur deshalb nicht in seine Umwelt vordringen, weil ihm die nötige Kapazität fehlt, deren unendliche Vielfalt und endlosen Zusammenhänge zu erfassen, sondern auch aus einem noch weltaus wichtigeren Grund: weil ihm die Mittel fehlen, deren Vorgänge nachzuvollziehen.

Das ist der Dreh- und Angelpunkt zum Verständnis von

Veränderungsprozessen und der Unausweichlichkeit des Scheiterns.

Da es operativ geschlossen ist und seine eigenen Operationen in der Umwelt nicht vorkommen, verfügt ein System über kein »Sinnesorgan«, mit dem es die Umwelt erfassen könnte. Demzufolge kann es die für sein Überleben wichtigen Veränderungen seiner Umwelt auch nicht erkennen.

Der Pilz kann den Misthaufen nicht erforschen, weil er mit seinem eigenen Stoffwechsel befasst ist und nur in diesen Kategorien »denkt«. Und eine Psyche kann eine andere Psyche nicht erforschen, weil das eine Gehirn nicht in das andere Gehirn eindringen kann.

Systeme sind gewissermaßen in sich selbst, in ihre Funktion eingeschlossen und schließen die Umwelt entsprechend aus. Deshalb können sie Veränderungen ihrer Umwelt nicht direkt und nicht unmittelbar erkennen.

Das wirft die vielleicht wichtigste Frage im Zusammenhang mit dem Thema Veränderung auf:

Wenn ein System umweltblind ist, wie bemerkt es dann die Veränderungen seiner Umwelt? Wie kann es auf eine Umwelt reagieren, zu deren Erfassung es kein Sinnesorgan hat?

Auf diese Frage liefert Niklas Luhmann eindeutige Antworten.

DIE UMWELT VERSORGT DAS SYSTEM MIT STÖRUNGEN

Das System kann seine Umwelt nicht erfassen, aber es kann die Auswirkungen der Umwelt auf sich selbst bemerken. Die Umwelt kann das System betreffen, und Niklas Luhmann beschreibt zwei unterschiedliche Wege, auf denen das geschehen kann.

> Das Ausgeschlossene (die Umwelt) kann durchaus das System
> kausal betreffen, aber dann nur destruktiv.⁴
> Die strukturellen Kopplungen determinieren den Zustand
> des Systems nicht. Sie versorgen das System nur
> mit Störungen.⁵

Der eine Weg, auf dem die Umwelt sich im System bemerkbar macht, ist der Weg der Destruktion, der Zerstörung eines Systems.

Die Organismen auf dem Misthaufen müssen die Möglichkeit, dass aus der Umwelt Wildschweine auftauchen, zwangsläufig unberücksichtigt lassen, können aber dennoch von ihnen betroffen werden, indem der Misthaufen zerwühlt, der Pilz gefressen und der Baum umgeworfen wird.

Der andere Weg, auf dem sich die Umwelt bemerkbar macht, ist der Weg der Störung.

> Die Umwelt kann das System über die schmale Brücke der
> strukturellen Kopplungen irritieren und stören.

Wenn beispielsweise bestimmte Nährstoffe aus dem Misthaufen ausbleiben, erfahren Pilz und Baum Störungen, auf die sie sich entweder einstellen oder in deren Folge sie untergehen. Ob sie infolge dieser Umweltveränderungen ihre chemische Struktur verändern, ihr Größenwachstum begrenzen oder ob sie sonst wie reagieren, das bleibt ihnen selbst überlassen.

In jedem Fall aber ist es die Umwelt, die sich im System bemerkbar macht und nicht das System, das seine Umwelt erforscht.

Die Umwelt macht sich allerdings nicht bemerkbar, wie man meinen könnte, indem sie dem System eine Information zur Verfügung stellt. Das System bekommt keine Information, sondern lediglich eine Störung geliefert. Diese Störung muss es dann selbst in eine Information umwandeln. Die Umwelt kann dem System nichts »erklären«, weil sie das System ja selbst nicht kennt.

Die Umwelt macht sich also einzig dadurch beim System bemerkbar, indem sie dessen Abläufe und dessen Zustand stört. Solche Störungen passieren zwangsläufig, sobald sich relevante Umweltbedingungen verändern, denn auf diese Veränderungen ist das System ja nicht vorbereitet. Ein System bemerkt die Veränderung seiner Umwelt allein an der Veränderung des eigenen Zustandes. Das führt zur zentralen Erkenntnis, die uns die Systemtheorie im Zusammenhang mit der Frage, wie Veränderungen funktionieren, anbietet:

Ein System ist auf Störungen angewiesen, um Veränderungen seiner Umwelt *an sich selbst* realisieren zu können und in der Folge Veränderungen seiner Strukturen herbeizuführen, die den Systemerhalt gewährleisten sollen.

Diesen Satz muss man sich auf der Zunge zergehen lassen, hinter die Ohren schreiben oder auf den Spiegel kleben: Systeme sind zu ihrem Überleben auf Störungen des eigenen Zustandes angewiesen.

VORAUSSCHAU UNMÖGLICH

Aus den geschilderten Zusammenhängen ist vorausschauende Veränderung schlicht unmöglich.

Baum und Pilz können den Tag nicht kommen sehen, an dem der Misthaufen ausgelaugt ist, und sie nehmen auch die Horde Wildschweine nicht wahr, die sich ihnen nähert. Die Organismen auf dem Misthaufen gehen wie selbstverständlich davon aus, auch zukünftig vom Mist mit den nötigen Nährstoffen versorgt zu werden. Sie sind an die nahe Umwelt gekoppelt und die übrige, weiter entfernte Umwelt ist ihnen völlig gleichgültig. Es ist für einen Pilz und Baum irrelevant, dass eines Tages saurer Regen auf sie fallen oder ein Bagger ihnen zu Leibe rücken könnte.

Da Systeme umweltblind sind, können sie nicht vorausschauen, sondern reagieren immer nur auf Veränderungen, die bereits stattgefunden haben und die sie bereits betreffen.

Die Umweltblindheit von Systemen stellt allerdings keinen Mangel dar. Im Gegenteil. Nur dadurch sind Systeme überhaupt in der Lage zu funktionieren.

So hat der notwendige Ausschluss der Umwelt, des Nichtwissens in seiner unendlichen Bandbreite, und die enge Konzentration auf eigene Strukturen eine zweifache Wirkung: Einerseits wird durch diese Grenzziehung das System erst möglich, andererseits unterliegt es dadurch einer ständigen Gefährdung.[6]

VERBUNDENE UMWELTEN UND GEGENSEITIGE GEFÄHRDUNG

Die Untersuchung von Systemen hat gezeigt, dass Systeme notwendigerweise isoliert existieren und gleichzeitig vollständig von der spezifischen Umwelt abhängen, an die sie sich gekoppelt haben.

Der verbreitete Gedanke, dass auf dieser Welt »alles mit allem« verbunden ist, ist daher nicht stimmig. Stimmig ist vielmehr die Vorstellung, dass zwar alle Systeme füreinander Umwelten darstellen, dass aber ein konkretes System nur wenige strukturelle Kopplungen aufweist. Insofern ist etwas irgendwie mit etwas anderem verbunden und kann von etwas anderem irgendwie erreicht und damit gestört werden.

Alle Systeme stellen füreinander Umwelten und damit potentielle Störungsquellen dar. Sie können sich gegenseitig stören und auf diese Weise zu Entwicklungen anstoßen.

Weil sie zur Umwelt des Körpers gehört, ist die Psyche durchaus in der Lage, den Körper zu beeinflussen. Sie kann das aber nur auf dem Wege über ihre strukturellen Kopplungen zum Körper tun. Beispielsweise kann sich eine Stimmung auf dem Weg über Botenstoffe auf den Körper auswirken, weil Botenstoffe strukturelle Kopplungen von der Psyche zum Körper sind. Ebenso kann ein Individuum ein anderes Individuum beeinflussen, aber nur auf dem Wege störender Kommunikation, also durch Mitteilung und (mehr oder weniger erfolgreiches) Verstehen.

Faktisch stören sich zahllose Systeme ständig gegenseitig und stoßen sich auf diese Weise ständig zu Veränderungen an. Das bedeutet aber auch, dass jedes System zwangsläufig an seiner Umwelt scheitert. Aufgrund von Umweltveränderungen kann es nicht so weitermachen wie bisher, weil sein eigener Zustand gestört wird. Es ist deshalb ständig zur Veränderung der eigenen Struktur gezwungen.

SCHEITERN ALS ENTWICKLUNGSBEDINGUNG

Damit liefert die Systemtheorie eine überzeugende Erklärung für die Beobachtung, dass grundlegende Veränderungen eines Systems, gleich ob es sich dabei um die Psyche, den Körper, eine Beziehung oder die Gesellschaft handelt, nie frei von Irritationen und Störungen und den durch sie ausgelösten Krisen stattfinden können. Kein System kann auf direktem Weg herausfinden, wie es irgendetwas richtig machen könnte, wie es sich verändern sollte, zu welchem Zweck und mit welchem Ziel.

Systeme finden ihre Fortsetzung allein durch ununterbrochen durchgeführte Fehlerkorrekturen, durch die Bewältigung des Scheiterns.

Die systemische Betrachtung legt es nahe, Irritationen, Störungen und Krisen eine andere Bedeutung beizumessen, als es in populären psychologischen Betrachtungsweisen und aufgrund landläufiger Auffassung geschieht, eine weitaus positivere Bedeutung noch als die gängige Formulierung von der »Krise als Chance«. Denn diese Formulierung fordert dazu auf, das Beste aus dem Unvermeidlichen zu machen. Aus systemischer Sicht sind Krisen und vergleichbare Zustände jedoch weitaus mehr als nur Chancen. Sie sind unverzichtbare Voraussetzung für den Erhalt von Systemen.

Somit liefert das Scheitern den wichtigsten Beitrag dazu, die Systeme Psyche, Beziehung/Gesellschaft und Körper lebendig zu erhalten, weil das Scheitern zum Ausgangspunkt der Weiterentwicklung wird.

IRRITIERBARKEIT

So weit wäre die systemische Theorie in Hinblick auf unser Thema »Veränderung« ausreichend skizziert. Die Erkenntnisse dieser Theorie decken sich mit individualtherapeutischer, paartherapeutischer und psychologischer Erfahrung. Diese Erfahrung sagt, dass Veränderung zwar immer geschieht, jedoch nie freiwillig eingeleitet wird. Veränderungen werden ausnahmslos notgedrungen in Angriff genommen. Ihr Sinn besteht darin, Irritationen und Krisen aufzulösen, indem eine teilweise verloren gegangene Passung zur Umwelt korrigiert wird. Das bedeutet:

Systeme überleben, solange sie irritierbar sind.

Irritierbarkeit ist Grundvoraussetzung für das Überleben eines jeden Systems. Man stelle sich vor, ein System sei nicht irritierbar, sondern verhalte sich krisenresistent. Das wäre sein sicheres Ende, weil es nicht bemerken würde, dass sich sein

Zustand verändert hat und es seine Strukturen der Umwelt anpassen muss.

Irritationen und Krisen sind also unverzichtbare Bedingungen für das Weiterleben von Systemen. Allerdings bieten sie keine Garantie dafür. Die erforderliche Anpassung mag dem System gelingen oder auch nicht. Erstaunlich oft jedoch gelingt sie. Das können wir aus der Tatsache schließen, dass es weiterhin Menschen, Beziehungen und Gesellschaften gibt, dass sich diese Systeme weiter ausdifferenzieren und ständig neue Formen bilden.

ZUSAMMENFASSUNG

Im Fokus der Systemtheorie stehen beobachtbare Systeme, die durch ihre Operationen – die Vorgänge, die in ihnen ablaufen – voneinander unterschieden werden. Dabei werden drei wesentliche Systeme gegeneinander abgegrenzt: biologische, psychische und soziale. Diese Systeme schotten sich ab und funktionieren selbstbezogen, sie sind für Umweltveränderungen blind. Um zu bemerken, dass eine Passung zur Umwelt verloren geht, sind sie auf Störungen des eigenen Zustandes angewiesen.

Mit anderen Worten und auf das Individuum bezogen:

Das Leben fordert Sie auf, ihm zu folgen, indem es ständig Störungen produziert, auf die Sie reagieren müssen.

Wie aber folgt man dem Leben? Ich will es vorwegnehmen: indem man diese Störungen bewältigt!

Lassen Sie mich nun nach Abschluss der Theorie in den nächsten Kapiteln Störungen und Bewältigungen in den drei hauptsächlichen Lebensbereichen beschreiben, im *psychischen System*, in der *Liebesbeziehung* und in der *Gesellschaft*.

KAPITEL 2
VERÄNDERUNG IM INDIVIDUELLEN LEBENSBEREICH

Zur Umwelt der Psyche gehört auch das eigene Unbewusste.

In diesem Kapitel möchte ich mich dem Thema individueller Veränderung widmen, also der Frage nachgehen, wie die Umwelt Veränderungen in der Psyche anstößt und welche Möglichkeiten der Bewältigung psychischer Veränderungen sich dem Menschen bieten.

DIE PSYCHE UND IHRE UMWELT

Zu Anfang dieses Buches habe ich geschildert, wie *das* Leben einen Menschen auffordert, *sein* Leben zu verändern – indem es ihn mit Unerwartetem konfrontiert und so mit Störungen versorgt. Diese Störungen stammen aus dem unendlichen Raum des Nichtwissens, der Umwelt der Psyche. Die Psyche ist demnach – wie alle Systeme – eine »Form mit zwei Seiten«[7], einer Innenseite und einer Außenseite. Sie bietet auf der Innenseite Vertrautes und auf der Außenseite Fremdes.

WAHRNEHMUNGEN

Auf ihrer Innenseite weist die Psyche eindeutige und abgegrenzte Funktionen auf. Diese bestehen aus Wahrnehmungen, also aus Gedanken, Vorstellungen, Erinnerungen, Empfindungen und Gefühlen. Die Psyche nimmt wahr, mehr kann sie nicht tun. Die »Fläche« oder »Leinwand«, auf der diese Wahrnehmungen aufscheinen, wird allgemein als Bewusstsein bezeichnet. Systemtheoretiker bezeichnen psychische Systeme daher auch als *Bewusstseinssysteme*.

Entgegen landläufiger Vorstellung sind Wahrnehmungen allerdings keine Abbilder der Umwelt, die aus der Umwelt entnommen und in die Psyche hineingelassen werden. Wahrnehmung stellt vielmehr eine eigenständige Leistung der Psyche dar.

Um zu Wahrnehmungen zu gelangen, setzt die Psyche zahllose Nervenimpulse, Hör- und Seheindrücke, Empfindungen, Gerüche und anderes zu für sie sinnvollen Bildern zusammen. Wahrnehmung muss in einem aufwändigen und langwierigen Prozess gelernt werden, in dem es darum geht, den zahllosen Eindrücken jeweils passende Bedeutungen zuzuweisen.

Da die Wahrnehmungen von ihr selbst produziert werden, ist die Psyche – wie jedes System – *selbst erzeugt*. Der Fachbegriff lautet *autopoietisch*.

INDIVIDUALITÄT

Ihre Selbsterzeugung hat zur Folge, dass sich jede menschliche Psyche von anderen Psychen unterscheidet. Jeder Mensch weist gegenüber anderen Menschen eine psychische Differenz auf, die wir als Individualität bezeichnen. Diese Individualität kann nur zustande kommen, weil die psychische Struktur selbst erzeugt und nicht übernommen ist.

Individualität kann nur – auf eine im konkreten Fall kaum nachvollziehbare Weise – ihr eigenes Werk sein. Schließlich gibt es »kein kulturelles Programm für Individualität«[8], wie Luhmann betont. Die Gesellschaft schreibt keinem Individuum vor, wie es sich zu entwickeln hat, sie stellt lediglich die Bedingungen zur Verfügung, unter denen sich Individualität entwickeln kann.

Offensichtlich reagieren Menschen auf die Möglichkeiten ihrer Umwelt auf nicht vorhersehbare Weise. Selbst Zwillinge, die über eine identische genetische Ausstattung verfügen und in vergleichbaren Umwelten aufwachsen, entwickeln verschiedenartige Charaktere. Die Umwelt bietet demnach derart viele Perspektiven, dass sich jede Psyche unterschiedlich ausprägt.

DIE PSYCHE IST ABGESCHOTTET

Wie alle Systeme ist auch die Psyche von ihrer Umwelt abgeschottet, sie ist *operativ geschlossen.* Ihre Wahrnehmung führt ein Eigenleben. Aufgrund dieser Geschlossenheit kann die Psyche keine fremden, in der Umwelt vorhandenen Vorgänge importieren.

Das bedeutet beispielsweise, dass man die Erlebnisse eines anderen nicht erleben, seine Bilder nicht sehen und seine Gefühle nicht fühlen kann. Ebenso wenig kann man die Sichtweisen oder die Bedeutungen übernehmen, die andere Menschen bestimmten Vorgängen verleihen.

Die Psyche kann bestenfalls – auf dem komplizierten Weg der Kommunikation – Mitteilungen auf eine ähnliche Weise verstehen, von der sie glaubt, dass jemand anders den Gegenstand der Mitteilung betrachtet und deutet. Kommunikation ist auf Analogieschlüsse angewiesen. So bleibt beispielsweise ein Satz wie »Das sehe ich genauso wie du« notwendig reine Mutmaßung, weil man nicht sehen kann, was der andere sieht.

Da die Psyche keine fremden Strukturen übernehmen kann, kann sich jeder Mensch nur an den von ihm selbst aufgebauten Wahrnehmungsstrukturen, Überzeugungen und Grundannahmen orientieren. Er handelt ausschließlich so, wie es ihm aufgrund dieser Strukturen sinnvoll erscheint.

DIE BRÜCKEN DER PSYCHE ZUR UMWELT

Als System, das aufgrund notwendiger Komplexitätsreduzierung vieles ausschließt und nur an weniges anschließt, verfügt auch die Psyche über *strukturelle Kopplungen* zu ihrer Umwelt. Dazu gehören beispielsweise chemische Substanzen wie Hormone und Botenstoffe, über welche die Psyche mit dem Körper gekoppelt ist. Zu anderen Bewusstseinssystemen, also zu anderen Individuen, ist die Psyche allein über Kommunikation per Sprache gekoppelt. Verbale und nichtverbale Kommunikation, Sprache und Körpersprache, sind die einzigen Verbindungsmöglichkeiten, die von Psyche zu Psyche bestehen. Das bedeutet, dass die Psyche im Grunde ein sehr »einsames« Dasein führt, und es erklärt, warum Menschen so sehr auf Kommunikation angewiesen sind, auch auf die Kommunikation der Liebe, auf die ich im zweiten Kapitel eingehen werde.

DIE UMWELT DER PSYCHE

Da Wahrnehmungen auf der Innenseite der Psyche ablaufen, gehört alles nicht Wahrgenommene und nicht Wahrnehmbare zu ihrer Umwelt, zu ihrer Außenseite.

Dass biologische Vorgänge zur Umwelt der Psyche gehören, habe ich bereits erwähnt. Nachvollziehbar gehört auch die Kommunikation mit anderen psychischen Systemen – mit anderen Individuen – dazu, denn Kommunikation läuft *zwischen* Bewusstseinssystemen und nicht innerhalb von ihnen ab. Niemand vermag sein Bewusstsein für andere zu öffnen und ihnen seine Gedanken zu präsentieren. Er kann lediglich darüber sprechen, was gerade in seiner Wahrnehmung abläuft und hoffen, dass andere ihn verstehen, weil sie etwas

Vergleichbares kennen. Ebenso einleuchtend gehören chemische und physikalische Phänomene des Körpers und der Natur zur Umwelt der Psyche, beispielsweise chemische Reaktionen oder Naturereignisse.

Die Umwelt hält, das deutet sich schon an, erhebliches Störungspotential für die Psyche bereit. Dieses kann aus dem Körper stammen und den Zustand der Psyche über Botenstoffe beeinflussen oder von anderen Psychen stammen und den Zustand der Psyche über Kommunikation stören.

DAS UNBEWUSSTE

Wie verhält es sich nun mit dem Unbewussten, in dem sich nach herkömmlicher Vorstellung verdrängte Anteile einer Persönlichkeit wie in einem Lagerhaus ansammeln? Sollte man sich das Unbewusste als Teil der Psyche oder als Umwelt der Psyche vorstellen?

Immerhin sprechen Menschen ja vom »eigenen« Unbewussten und unterstellen anderen Menschen, ebenfalls über solch ein Unbewusstes zu verfügen. Gleichzeitig aber ist das Unbewusste per Definition im Bewusstseinssystem Psyche nicht enthalten.

Dieser Punkt ist für das Thema Veränderung von großer Bedeutung. Einen Hinweis zum möglichen Verständnis des Unbewussten aus systemtheoretischer Sicht habe ich mir deshalb von dem Soziologen Dirk Baecker erfragt, der das Unbewusste folgendermaßen beschreibt:

Ich würde sagen, dass die Psyche sich ein Unbewusstes zurechnet, um einen Begriff davon zu haben, dass sich ›in ihr‹ Dinge abspielen, von denen sie keine Ahnung hat.[9]

Man kann es demnach so sehen: Die Psyche hält sich die Möglichkeit offen, etwas nicht Wahrgenommenes dann, wenn sie es wahrnimmt, als zu sich gehörend zu betrachten, während sie es vorzieht, anderes nicht Wahrgenommene für den Fall, dass sie es wahrnimmt, als nicht zu sich gehörig zu erachten. Es spielen sich demnach »eigene« und »andere« Dinge außerhalb der Psyche, in ihrer Umwelt, ab.

EIGENE UND ANDERE UMWELTEN

Ich möchte das nicht Wahrgenommene und im Falle seiner Entdeckung als zu sich gehörend Eingestufte die *eigene Umwelt* der Psyche nennen. Dementsprechend bezeichne ich das von der Psyche nicht Wahrgenommene und im Falle seiner Entdeckung als nicht zu sich gehörend Betrachtete als die *andere Umwelt* der Psyche.

Zur *eigenen Umwelt* der menschlichen Psyche gehören demnach seine Körperwelt, seine Gefühlswelt, seine Vorstellungswelt und auch seine Wahrnehmungsstrukturen. Zur *anderen Umwelt* zählen andere Menschen, die Gesellschaft und die Natur.

Das Unbewusste wird so zum Begriff für das Nichtbeobachtete des Bewusstseins und erscheint als das eingeschlossene Ausgeschlossene der Psyche.

Indem sie sich ein Unterbewusstes zuspricht, schafft sich die Psyche die Möglichkeit, Ausgeschlossenes nachträglich – nach seiner Entdeckung – wieder einzuschließen.

Damit ist die Frage, was man unter dem Unbewussten verstehen soll, hinreichend beantwortet. Das Unbewusste gehört in jedem Fall zur Umwelt der Psyche, wobei es sich dabei sowohl um eine *eigene* als auch um eine *andere* Umwelt handeln kann. In beiden Fällen ist diese Umwelt der Psyche fremd.

Die wichtigste Konsequenz hieraus lautet: Man kann sich selbst zu einem gegebenen Zeitpunkt in weiten Teilen fremd sein. Man kann vieles an sich übersehen und daher auch von sich selbst gestört werden.

PSYCHISCHE EINHEIT

Die Psyche muss zwangsläufig viele ihrer Wahrnehmungen unbeachtet lassen. Sonst würde das Bewusstsein mit Wahrnehmungen überschwemmt und könnte nicht funktionieren. Wären alle psychischen Vorgänge, alle Wahrnehmungen jederzeit im Bewusstsein enthalten, würde der Mensch schlicht wahnsinnig. Die Vorstellung eines Unbewussten gibt nun die Möglichkeit, ausgeschlossene psychische Vorgänge als zum Bewusstsein gekoppelt zu sehen, wann immer sie auftauchen.

Doch warum soll die Psyche darauf angewiesen sein, zwischen *eigener* und *fremder* Umwelt zu unterscheiden? Warum bezeichnet sie bestimmte Inhalte des Bewusstseins dann, wenn sie darin auftauchen, als »zu sich« und andere als »nicht zu sich« gehörend? Weil sonst der Eindruck der Identität, der Geschlossenheit des psychischen Systems, nicht aufrechtzuerhalten wäre.

Wenn beispielsweise ein Gefühl nicht »zu ihr« gehören würde, sondern von außen in die Psyche eingedrungenen wäre, könnte die Umwelt quasi in der Psyche fühlen. Wenn der Psyche ein Gedanke »kommt« und sie müsste annehmen, der gelänge von außen in sie hinein, könnte die Umwelt in der Psyche denken.

Wenn die Operationen der Psyche jedoch in ihrer Umwelt vorkämen und von dort in sie hineingelangen könnten, wenn die Umwelt in ihr agieren könnte, wäre die Einheit der Psyche, die Identität des Menschen, die auf »seinen eigenen«

Wahrnehmungen beruht, aufgehoben und damit das System Psyche selbst. Wer nicht zwischen sich und der Umwelt zu unterscheiden vermag, nicht zwischen seinen Gedanken und denen anderer Menschen, kann nicht mehr handeln, weil er nicht verlässlich auf eigene Strukturen zugreifen kann.

STÖRUNGEN DER PSYCHE

Natürlich ist die Umwelt der Psyche – der Körper, andere Psychen, Beziehungen/Gesellschaft und das Unbewusste – ständig in Bewegung. Von den beiden Umwelten, der *eigenen* und der *anderen* Umwelt, wird die Psyche ständig und reichlich mit Störungen versorgt. Der Zustand der Psyche erfährt also permanente Veränderungen, die von der Umwelt angestoßen sind.

Störungen aus der *anderen* Umwelt gehen vom Verhalten anderer Menschen, von gesellschaftlichen Vorgängen oder von Naturphänomenen aus. Die *andere* Umwelt weist also ein außerordentliches Störungspotential auf, dem die *eigene* Umwelt jedoch kaum nachsteht.

Die *eigene* Umwelt stört beispielsweise durch Veränderung körperlicher Bedingungen, wie sie mit Krankheiten oder dem Altern einhergehen. Ebenso könnten sich eigene Gefühle unbemerkt verändert haben. Man glaubt beispielsweise, jemanden zu lieben, und bemerkt an zunehmender Distanz zum Partner, dass sich dieses Gefühl verändert hat.

Zur *eigenen* Umwelt der Psyche gehören darüber hinaus auch psychische Strukturen, also die Denkmechanismen, Gefühlsweisen und Sinnzusammenhänge, die der individuellen Wahrnehmung zugrunde liegen. Kein Mensch ist sich beispielsweise bewusst, auf welche Weise seine Wahrnehmung selektiv vorgeht, um Sinn zu erzeugen. Und natürlich bleibt ihm unbekannt, wie sich diese Strukturen unter bestimmten, noch nicht eingetretenen Bedingungen auswirken werden.

SCHEITERN GARANTIERT

Aufgrund der komplexen Beschaffenheit der *anderen* und der *eigenen* Umwelt kann man leicht nachvollziehen, wie nachhaltig der Zustand der Psyche beeinträchtigt werden kann. Doch gleichgültig, ob eine Störung aus der *eigenen* oder der *anderen* Umwelt stammt, in jedem Fall realisiert die Psyche die der Störung zugrunde liegenden Umweltveränderungen nicht direkt, sondern anhand der Veränderung ihres eigenen Zustandes.

Die Psyche stellt erschreckt fest: »Oh, mein Zustand hat sich verändert«, und kann daraus schließen (falls sie diese Reflexion anstellt), dass sich ihre Umwelt verändert haben muss.

Eine körperliche Erkrankung betrifft beispielsweise nicht nur den Körper, sie verändert über Körpersubstanzen wie Botenstoffe auch den Bewusstseinszustand des Menschen, lässt ihn ruhig, traurig, verzweifelt oder sonst wie emotional reagieren. Das Verhalten seines Partners oder gesellschaftliche Vorgänge können vergleichbare Reaktionen hervorrufen.

Und selbstverständlich kann die Umwelt auch unabhängig von strukturellen Kopplungen – auf destruktive Weise – auf die Psyche einwirken. Beispielsweise, indem jemand chemische Substanzen einnimmt, Drogen etwa, die Hirnschäden hervorrufen und die Wahrnehmungsfähigkeit deformieren, oder indem jemandem ein Unfall zustößt, der Hirnschäden und damit Wahrnehmungsstörungen verursacht.

ZUSAMMENFASSUNG

- Wie alle Systeme ist auch die Psyche auf Störungen ihres Zustandes seitens ihrer Umwelt angewiesen, um einen Anstoß zu erhalten, sich zu verändern.
- Für die Psyche bieten sich mit dem *eigenen* und dem *anderen* Unbewussten zwei Umwelten an, von denen sie mit Störungen versorgt wird. Beide Begriffe fasse ich der einfachen Handhabung halber im Begriff des *Nichtwissens* zusammen.
- Zum Nichtwissen gehören einerseits die Bewusstseinsvorgänge anderer Menschen, gesellschaftliche Vorgänge und Entwicklungen in der Welt, andererseits aber auch Vorgänge, die der eigenen Körper-, Gefühls- und Vorstellungswelt und der Struktur der eigenen Wahrnehmung entspringen.
- Vergleicht man die Ausdehnung des Bewusstseins mit den Dimensionen des *eigenen* und *anderen* Unbewussten, wird deutlich, dass Menschen tatsächlich in »einem Meer von Nichtwissen«[10] schwimmen.
- Störungen der Psyche sind demnach unvermeidlich, und mit ihnen wird das Scheitern alltäglich.

Allein die Irritierbarkeit der Psyche, ihre Offenheit für Störungen, ermöglicht ihr Bestehen.

DAS ALLTÄGLICHE SCHEITERN

Wer die Erkenntnisse der Systemtheorie auf sein Leben überträgt, weiß, dass er das Nichtwissen, das unendliche Leben ob seiner Komplexität weder vorausschauend erforschen noch irgendwie ganzheitlich erkennen kann.

Er rechnet stattdessen damit, dass sich die Umwelt früher oder später störend oder krisenhaft bemerkbar machen wird und er dann aufgefordert ist, sich zu verändern. Er weiß, dass *sein* Leben zwangsläufig an *dem* Leben scheitern wird, täglich in kleinen, manchmal in großen Belangen. Insofern hält er das Scheitern für selbstverständlich und ist auf mögliche Destruktionen seines Lebens in einer ungewissen Weise eingestellt.

Die medizinische Wissenschaft und die Fortschritte der Psychologie suggerieren den Menschen zwar, das Leben werde immer überschaubarer und beherrschbarer, doch in Wahrheit ist das Gegenteil der Fall. Die Systeme differenzieren sich im Laufe ihrer Evolution immer weiter aus, entwickeln diffizile strukturelle Kopplungen und werden immer anfälliger für Störungen und Destruktionen.

Mit jeder Antwort tun sich neue Fragen auf. Ein kleines Beispiel dafür, wie biologische Systeme sich ausdifferenzieren, liefert eine aktuell in New York entdeckte Variante des

Aidsvirus. Nachdem Aids normalerweise erst nach acht bis zehn Jahren ausbricht und inzwischen mit Medikamenten schon recht gut zu behandeln ist, lässt der neue Virus die Krankheit nach wenigen Monaten ausbrechen und spricht auf die bekannten Medikamente nicht an. Der Virus hat auf Störungen – durch Medikamente und die Immunabwehr – reagiert und seine Strukturen erfolgreich verändert.

ILLUSION STEUERUNG

Das Nichtwissen hält ständig solche unerwarteten Entwicklungen bereit, und deshalb ist das Leben nicht steuerbar. Aber anscheinend sind wir Menschen auf die Illusion der Steuerbarkeit und Vorhersehbarkeit angewiesen, um unseren Handlungen eine Richtung zu geben. Vielleicht beruht das Konstrukt der Wissenschaft deshalb auf dem Glauben, man könne das Nichtwissen in Wissen umwandeln, worauf Daniel Kahneman, Nobelpreisträger und Dozent für Psychologie in Princeton, hinweist:

Wenn Sie mit der Annahme starten, dass die Welt verstehbar ist, dann können Sie sich davon nicht mehr lösen. Sie können nicht zugeben, dass gewisse Dinge grundsätzlich nicht durchschaubar sind.[11]

Selbst relativ einfache, von Menschen geschaffene Einrichtungen wie beispielsweise die Börse sind nicht überschaubar, weshalb Nassim Taleb, Mathematikdozent und Händler an der New Yorker Börse, sagt:

Die Börse ist die größte Verlade in der Menschengeschichte. Niemand ist in der Lage, die Kurse vorherzusagen,

auch wenn eine ganze Branche von diesem Aberglauben
sehr gut lebt.[12]

Auch wenn wir uns an diesen Glauben der Machbarkeit klammern, auch wenn wir so leben müssen, als ob wir die Zukunft erkennen könnten – tatsächlich ist es unmöglich, den Eventualitäten des Lebens vorzubeugen und das alltägliche Scheitern zu verhindern. Wer sich etwas Derartiges vornimmt, der versucht, das Nichtwissen in seinem winzigen Bewusstsein aufzulösen. Ebenso könnte er versuchen, einen Ozean auszutrinken.

Zeitschriften und Bücher sind voll von Ratschlägen, wie man sein Leben in den Griff bekommt, wie man den richtigen Partner findet, den richtigen Beruf ergreift, sein Kind richtig erzieht und auch sonst alles richtig macht. So wird zwar die Illusion der Planbarkeit aufrechterhalten, das Scheitern lässt sich dennoch nicht verhindern.

Wie sollte beispielsweise der frisch vermählte Ehemann einem in möglicher Ferne liegenden Seitensprung seiner Frau vorbeugen? Was wäre die richtige Strategie, um zu vermeiden, dass sie eines unverhofften Tages von Gefühlen überwältigt wird und sich in einen anderen Mann verliebt? Wie könnte er überhaupt von solchen Gefühlen seiner Frau erfahren, solange diese selbst nichts davon weiß? Wie könnte er sicher sein, dass der andere nicht vielleicht sogar der Richtigere ist? Darüber hinaus: Wie könnte er ein funktionierendes Leben führen, wenn sein Bewusstsein ständig von der Mammutaufgabe in Anspruch genommen wäre, dem möglichen Scheitern seiner Ehe vorzubeugen?

Nur oberflächlich betrachtet bewegen sich Menschen als Sehende durch ihre Welt. Im Grunde sind sie zutiefst blind, was das folgende Beispiel erläutern soll.

BLIND DURCH DIE WELT

Stellen Sie sich einen Menschen vor, der sich in seiner Umgebung umsieht. Er sieht, wo sich ein Baum befindet, ein Graben, ein Zaun oder ein Abgrund, und er sieht auch, was aus dieser Umwelt aus der Ferne auf ihn zukommt. Er macht sich eine Vorstellung von der Welt und findet sich darin zurecht. Nun verbinden Sie diesem Menschen die Augen. Damit wird er umweltblind. Dann verändern Sie seine Umwelt, ziehen neue Zäune und neue Gräben und schaffen neue Abgründe. Es ist nur eine Frage der Zeit, bis er gegen einen Zaun rennt oder in einen Abgrund stürzt. Er bemerkt die Umweltveränderung dann an sich selbst, an der Beule am Kopf oder dem gebrochenen Fuß, den er sich beim Sturz in den Abgrund zuzog, und eine Gefahr, die aus der Ferne auf ihn zukommt, bemerkt er erst in dem Moment, in dem sie ihn betrifft. Stellen Sie sich weiterhin vor, dass die Umwelt dieses blinden Menschen ständig in Bewegung ist, dass Zäune und Gräben wandern, dann ist klar, dass er an seinen Erwartungen »hier ist ein Baum« und »dort ist ein Graben« ständig scheitern wird und dass er permanent Unerwartetes bewältigen muss.

Jetzt brauchen Sie sich nur noch klar zu machen, dass Sie selbst bereits dieser blinde Mensch sind. Denn obwohl Sie glauben zu sehen, erkennen Sie doch nur, was Ihren Erwartungen entspricht, oder anders gesagt, Sie nehmen nur wahr, was Sie erkennen und was Ihnen bekannt ist.

Im Grunde also bewegt sich jeder Mensch als Blinder durch die Welt, stößt ständig irgendwo an, scheitert damit und bewältigt dieses Scheitern. Zu scheitern ist alltäglich und völlig normal.

Leider findet diese Einsicht in einer Welt, die vom Machbarkeitsglauben dominiert wird, relativ wenig Akzeptanz.[13]

Die Menschen identifizieren sich mit so genannten Siegertypen, denen scheinbar alles gelingt, und werden zu allem Überfluss noch von allen Seiten mit Ratschlägen gegen das Scheitern zudeckt. Wer dann scheitert, ist angeblich selbst schuld. Er war nicht bewusst genug, nicht clever genug, nicht wissend genug.

Der Wert des Scheiterns wird in diesem Machbarkeits-Brimborium übersehen oder schlichtweg geleugnet. Das Scheitern ist nämlich zutiefst wertvoll. Es bringt uns weiter.

Wenn man ein Kind beobachtet, das vor einem schwer lösbaren Problem steht, beispielsweise vor der Aufgabe, krabbeln oder laufen zu lernen, kann man den Sinn des Scheiterns beobachten. Das Kind versucht auf verschiedenste Weise, seine Gliedmaßen zu koordinieren, aber statt vorwärts krabbelt es rückwärts, statt zu stehen fällt es hin. Aber aus jedem falschen Ansatz lernt es. Bis sein Vorhaben schließlich gelingt, ist es sicher hunderte Male gescheitert. Es lernt nicht deshalb laufen, weil Erwachsene es ihm zeigen, sondern weil es seine Fehler so lange korrigiert, bis es sein Ziel erreicht hat.

Zu scheitern ist wertvoll. Schließlich ist es allein die Irritierbarkeit von Systemen, ihre Offenheit für Störungen, die dem Leben zu seiner Fortführung verhilft.

Stellen Sie sich vor, jemand würde die Störungen, die sein Altern mit sich bringt, ignorieren. Er meint, im Alter von 80 noch genauso schnell über die Strasse laufen zu können wie mit 30. Es wird nicht lange dauern, bis er tot unter einem Wagen liegt. Wie aber kann er sein Alter realisieren? Anhand der Störungen, die sich über allerlei Symptome in seiner Psyche bemerkbar machen.

Offenheit für Störungen wird dringend gebraucht. Wäre die Psyche krisenfest und in keiner Weise irritierbar, dann gäbe es keinen Weg, Bedeutungen, Sinn und Wahrnehmungsstrukturen zu verändern. Dann würden einmal gewonnene Sichtweisen oder Verhaltensweisen für immer ihre Gültigkeit behalten und der Mensch würde an dieser Ignoranz zugrunde gehen.

Zu scheitern ist keinesfalls ein Versagen. Das Scheitern wird gebraucht, um mit dem Leben Schritt zu halten.

*Verwirrung, Irritation und Krisen tauchen immer dann auf,
wenn die Anschlussfähigkeit von Wahrnehmungen
verloren geht – wenn Erwartungen enttäuscht werden.*

ERWARTUNGEN

Der Wert des Scheiterns scheint unbestreitbar zu sein. Aber worin besteht der eigentliche Kern des Scheiterns? Wie schon weiter vorne erwähnt, kann man nur mit einem scheitern: mit seinen Erwartungen.

Weil das auf der Hand liegt, taucht in einschlägigen Ratgebern oft die Empfehlung auf, man solle keine Erwartungen entwickeln. Solch eine Idee ist schon deshalb absurd, weil sie sich selbst widerlegt: Die Erwartung, erwartungsfrei zu sein, ist ja selbst eine Erwartung, die gewaltigste Erwartung überhaupt.

Keine Psyche kommt ohne Erwartungen aus, keine Wahrnehmung ist ohne Erwartung möglich. Eine Erwartung zu haben bedeutet, einigermaßen verlässlich zu wissen, was als Nächstes geschehen wird. Das ist mit der Anschlussfähigkeit von Wahrnehmung gemeint. Man kann mit dem Nächsten, das nach einer Wahrnehmung kommt, etwas anfangen, solange es einigermaßen zur Erwartung passt.

Wenn Sie beispielsweise jemanden sehen, der Sie anschaut und den Mund öffnet, werden Sie erwarten, als Nächstes Worte zu hören und nicht erwarten, einen elektrischen Schlag zu bekommen. Wenn Ihr Partner lächelnd auf Sie zukommt, werden Sie nicht erwarten, dass er Ihnen eine Ohrfeige gibt, vielmehr rechnen Sie mit einer Umarmung oder einem Kuss. Wenn Sie über eine grüne Ampel fahren, werden Sie erwarten, dass die anderen Verkehrsteilnehmer vor ihren roten Ampeln stehen bleiben.

Ohne Erwartungen – also ohne zu wissen, was als Nächstes passiert – ist ein funktionierendes Leben nicht vorstellbar. Man muss sich nur die Zahl der Erwartungen klar machen, die ein Mensch in seinem Leben aufbaut, um deren Bedeutung zu verstehen. Diese Zahl geht sicher in die Millionen. Jede einzelne Wahrnehmung »rechnet« mit einer ganz bestimmten anderen, die auf die erste folgt. So entstehen unendliche Muster miteinander verwobener Wahrnehmungen, die ein entscheidendes Merkmal aufweisen: Sie sind anschlussfähig.

STRUKTUR DER PSYCHE

Die Psyche funktioniert allein aufgrund dieser Anschlussfähigkeit ihrer Wahrnehmungen. Solange sie Wahrnehmungen aneinander anschließen kann, entsteht eine geordnete und einschätzbare Welt. Dieses Netzwerk von Erwartungen bildet die psychische Struktur. Niklas Luhmann definiert den Begriff der Struktur eines Systems deshalb auf ebenso schlichte wie einleuchtende Weise:

Strukturen sind Erwartungen in Bezug auf die Anschlussfähigkeit von Operationen.[14]

Die psychische Struktur besteht aus Erwartungen. Eine erwartungsfreie Psyche wäre eine strukturlose Psyche, eine Psyche, die sich an nichts orientieren könnte. Keine Psyche kommt ohne Struktur aus, ansonsten müsste sie das Leben in jedem Augenblick neu erfassen, ordnen und einschätzen, und das ist schlicht unmöglich.

Erwartungen beziehen ihre Brauchbarkeit selbstverständlich nur aus der Vergangenheit – aus bereits gemachten Erfahrungen, und sie übertragen diese Erfahrungen in Form von Vorstellungen auf die Zukunft. Vielleicht kann man sich die psychische Struktur als eine ungeheuer umfangreiche Verschaltung von Erinnerungen und Vorstellungen denken, als eine Verschaltung von einzelnen »Bildern«, die in einem Zusammenhang stehen müssen, um Sinn zu ergeben.

Die psychische Struktur geht aufgrund im Gehirn gespeicherter Erinnerungen davon aus, dass auf den Vorgang A der Vorgang B folgt und darauf der Vorgang C usw. Eine psychische Struktur stellt also Voraussagen in Bezug auf die eigenen Operationen – im Falle der Psyche auf die eigenen Wahrnehmungen – her.

ENTTÄUSCHTE ERWARTUNGEN

Erwartungen beruhen auf Erfahrungen und Zukunftsvorstellungen, mit der »realen« Zukunft haben sie nicht unbedingt etwas zu tun. Denn natürlich sorgt das Nichtwissen dafür, dass Erwartungen immer wieder enttäuscht werden. Wenn etwas Unerwartetes passiert oder etwas Erwartetes nicht passiert, wird die Kette der Erwartungen, die Kette der Bilder, unterbrochen und wie bei einem »Filmriss« findet das eine Bild dann keinen Anschluss mehr.

Die Partnerin hat mich verlassen – damit habe ich nicht gerechnet – der Film reißt – ich verstehe die Welt nicht mehr. Der Chef entlässt mich – damit habe ich nicht gerechnet – der Film reißt – ich weiß nicht, was als Nächstes zu tun ist.

Verwirrung, Irritation und Krisen tauchen in Systemen immer dann auf, wenn die Anschlussfähigkeit von Wahrnehmungen verloren geht.

Am Thema Erwartung lässt sich besonders deutlich veranschaulichen, dass sich die abgeschottete Psyche allein auf sich selbst verlässt und dass der Bruch von Erwartungen, das kleine oder große Scheitern, jederzeit eintreten kann.

Da die Psyche vollzogene oder gerade stattfindende Umweltveränderungen, eben das Unerwartete, nicht übergangslos erfassen kann, ist das Scheitern jeder psychischen Struktur – durch das Scheitern der durch sie entstandenen Erwartungen – früher oder später garantiert.

Der Mensch scheitert immer am selben: an seinen Erwartungen.

Solche aus konkreten psychischen Strukturen kommenden Erwartungen lauten, auf den Alltag bezogen, beispielsweise:

- Alles wird so bleiben, wie es ist.
- Alles wird besser werden.
- Meine Pläne werden in Erfüllung gehen.
- Wenn ich meine Frau liebe, wird sie mich ebenfalls lieben.
- Wenn ich mich ausgewogen ernähre, werde ich gesund bleiben.
- Wenn wir ein Kind bekommen, werden wir eine glückliche Familie sein.
- Wenn ich mich anstrenge, werde ich Karriere machen.
- Wenn ich mich anpasse und fleißig arbeite, werde ich den Job behalten.
- Wenn ich in die Rentenversicherung zahle, wird meine Rente sicher sein.

Es liegt auf der Hand, dass jede dieser Erwartungen enttäuscht werden kann. Man scheitert früher oder später durch:
- einen Streit mit dem Partner (wo man doch friedlich bleiben wollte),
- einen Autounfall (wo man doch unfallfrei fahren wollte),
- eine Krankheit (wo man doch gesund bleiben wollte),
- das Altern (wo man doch jung bleiben wollte)
- und durch zahllose andere, kleine oder große Einschnitte und Überraschungen, die das Nichtwissen bereithält.

Endlos ist die Liste der Erwartungen, die sich aus den jeweiligen psychischen Strukturen ergeben, und ebenso endlos sind die Möglichkeiten des Scheiterns, das immer dann eintritt, wenn das Nichtwissen dazwischenfunkt und Erwartungen frustriert. Dann wird die Psyche durch Ereignisse gestört, die nicht zum Erwarteten passen, und die Wahrnehmung gerät durcheinander.

Der Kern allen Scheiterns besteht darin, dass selbst entworfene Annahmen und Voraussagen aufgrund von Umweltveränderungen nicht erfüllt werden.

Das ist sowohl dann der Fall, wenn etwas Unerwartetes geschieht, als auch dann, wenn etwas Erwartetes ausbleibt. In einem Fall wirkt sich dieser Bruch der Erwartungen jedoch ganz besonders deutlich aus: wenn die Anschlussfähigkeit für die Selbstwahrnehmung verloren geht.

Womit wir bei dem für Veränderungsvorgänge zentralen Thema der *Identität* angelangt sind.

Identität ist an sich selbst gerichtete Erwartung.

IDENTITÄT

Die Psyche funktioniert störungsfrei, solange die von ihr produzierten Erwartungen erfüllt werden. Das bedeutet, sie funktioniert, solange sich ihre zahllosen Wahrnehmungen aneinander anzuschließen vermögen und geordnete Bilder der Welt und des Lebens erzeugen.

Diese Erwartungen der Psyche beziehen sich aber nicht allein auf das Leben, auf das, was von außen zu erwarten ist, sondern auch auf sich selbst. Die auf sich selbst bezogenen Erwartungen sind für das Thema Veränderung von kaum zu überschätzender Bedeutung.

SELBSTBEOBACHTUNG

Nochmals: Menschliche Wahrnehmungen beziehen sich auch auf die Psyche selbst. Der Mensch kann nämlich wahrnehmen, dass er wahrnimmt. Er weiß, dass er denkt, dass er fühlt, dass er spricht. Er verfügt über Selbstwahrnehmung und die Fähigkeit, sich selbst zu beobachten.

Aufgrund seiner Selbstbeobachtungen vermag ein Mensch auch, sich selbst zu beschreiben. Er vermag zu sagen, wer er ist oder in welchem Zustand er sich befindet.

Solche Selbstbeschreibungen lauten beispielsweise: Ich bin... Lehrer, Postbote, Mann, Frau, jung, alt, gutmütig... – oder auf den Zustand der Psyche bezogen: Ich bin... gut gelaunt, optimistisch, niedergeschlagen, froh, traurig, glücklich...

Die Selbstbeschreibung eines Menschen wird allgemein als seine Identität bezeichnet.

Eine Identität ist demnach eine Vorstellung, die sich die Psyche von sich selbst macht und die sich aus Gedanken, Gefühlen und anderen Vorstellungen speist. Wer man »ist«, das denkt, fühlt, spürt und sieht man und das prägt sich ein.

Denn zu wissen, wer er ist, darauf scheint ein Mensch dringend angewiesen zu sein. Identität ist von größter Bedeutung für die Psyche. Arnold Retzer beschreibt[15] in einem seiner Bücher ein interessantes Experiment, mit dem man die Bedeutung von Identität erforschte.

Zu diesem Experiment nahm man zwei gleich große Gruppen von Affen. Die eine Gruppe bekam Spiegel in die Käfige montiert, in denen sich die Affen betrachten konnten, die andere Hälfte erhielt diese Möglichkeit der Selbstbeobachtung nicht. Nachdem sich die Affen an die Spiegel gewöhnt hatten, wurden alle narkotisiert und auf ihre Stirn wurde ein roter Fleck gemalt. Nach dem Aufwachen fanden sämtliche Affen in ihren Käfigen Spiegel vor. Diejenigen Affen, die sich vorher schon im Spiegel betrachten konnten, waren durch die rote Farbe an ihrem Kopf sichtlich irritiert und versuchten, sie zu betasten und anscheinend, sie zu entfernen. Ihr Bestreben bestand darin, ihr im Spiegel erworbenes Selbstbild wiederherzustellen. Im Gegensatz dazu nahmen die anderen Affen den roten Fleck gar nicht wahr, sie dachten anscheinend, er gehöre zu ihnen. Ich weiß nicht, ob das passiert ist, aber hätte man das Experiment weitergeführt und in einer weiteren Narkose die Färbungen wieder entfernt, hätten diese Affen die Farbe wohl vermisst, weil sie ja scheinbar zu ihnen gehörte.

Das Experiment zeigt, dass auch Tiere an einem einmal gewonnenen Selbstbild, einer Vorstellung von sich selbst, festhalten wollen. Die Psyche hat offenbar ein großes Bedürfnis, sich wieder zu erkennen, und deshalb will sie an einer einmal erworbenen Identität festhalten.

WER MAN IST, DER WILL MAN BLEIBEN

Diese Formulierung deutet auf zwei Bedingungen von Identität hin: auf ihre scheinbare Einheit und ihre scheinbare Beständigkeit. Hat sich eine Selbstvorstellung erst einmal aufgebaut, soll sie möglichst auch Konstanz aufweisen. Wer »Ich« bin, das darf sich nicht von Augenblick zu Augenblick ändern.

Warum nicht? Weil der Mensch im sozialen Kontext nur dann handlungsfähig ist, wenn er weiß, *als wer* er handelt, wenn er also weiß, wer er (überhaupt oder jemand gegenüber) ist. Er muss sich über seine Identität klar sein.

Stellen Sie sich folgende Situation vor: Sie geben Ihrem Liebhaber etwas, zum Beispiel einen Kuss oder eine Tafel Schokolade. Der wiederum stellt Ihnen dafür eine Quittung aus. Der Liebhaber hat jetzt als »Geschäftspartner« reagiert und nicht als »Liebespartner«. Er weiß offensichtlich nicht, wer er (Ihnen gegenüber) ist, und deshalb passt seine Reaktion nicht zu Ihrer Aktion, was leicht zu Verstimmungen führen kann.

Der Eindruck psychischer Einheit und Konstanz wird gebraucht, weil Handlung unabhängig von einer Identität nicht vorstellbar ist. Erst Identität vermittelt Handlungsanweisung und Handlungssicherheit.

Um etwas tun zu können, muss man eine Vorstellung davon haben, wer man ist.

Seine Identität als »Mann« sagt einem Mann, wie er sich zu verhalten hat. Ihre Identität als Mutter sagt einer Mutter, was sie tun und lassen darf. Verliert jemand seine Identität, wird er orientierungslos und dementsprechend handlungsunfähig. Er weiß dann nicht, ob er sich als »Mann« oder »Frau« oder »Kind« oder sonst wie verhalten soll.

Man muss wissen, wer man ist, und das, was man ist, muss man ziemlich verlässlich bleiben. Die Psyche braucht Konstanz in der Selbstwahrnehmung. Damit diese Konstanz gewahrt bleiben kann, darf die Selbstwahrnehmung allerdings nicht vollständig sein, sondern muss im Gegenteil unvollständig bleiben.

IDENTITÄT IST UNVOLLSTÄNDIG

Diese Unvollständigkeit der Selbstbeobachtung hat zwei wesentliche Gründe. Zum einen vermag sich die Psyche gar nicht vollständig selbst zu überblicken, weil sie dazu viel zu komplex ist. Beispielsweise hat sie keinen Begriff von ihrer eigenen Struktur, die, wie ich weiter vorne ausgeführt habe, zum Bereich des *eigenen* Unbewussten gehört.

Zum anderen bleibt die für eine Identität notwendige Kontinuität der Selbstbeschreibung und die damit verbundene scheinbare Einheit der Psyche nur dann erhalten, wenn allein solche Selbstbeobachtungen in die Identität einfließen, die zueinander passen (also anschlussfähig sind) und ein insgesamt stimmiges Bild von sich selbst ergeben.

Deshalb – und das ist zentral für das Thema »Veränderung« – beruht Identität nicht auf einer Zusammenfassung sämtlicher Selbstwahrnehmungen, sondern ist das Ergebnis einer Selektion.

Der Systemtheoretiker Dirk Baecker liefert eine Definition der Identität, die diesen Zusammenhang verdeutlicht.

Identität ist das, was sich angesichts der verschiedenen Situationen, Wahrnehmungen, Gefühle, in denen man steckt, durchhält.[16]

Identität ist unvollständig, sie umfasst das, was sich unter konkreten Bedingungen in der Wahrnehmung »durchhält«, also die Vorstellung von sich, die man aufrechterhalten kann. Was nicht anschlussfähig ist (weil es nicht »zu mir« passt) und deshalb nicht durchgehalten werden kann, wird, soweit es geht, ignoriert.

Um die Vorstellung der Identität durchzuhalten, lässt die Selbstbeobachtung also vieles weg und hält nur weniges fest; und auf diese Weise entsteht die Illusion, etwas Konstantes, Festes und Verlässliches zu sein, das sich mit den Worten »Ich bin« beschreiben lässt.

Identität ist somit das Ergebnis erheblicher Komplexitätsreduzierung. Die Psyche ist weitaus komplexer, als sie in ihrer Selbstbeschreibung erscheint. Wie immer hat Komplexitätsreduzierung auch hier den Effekt, den Aufbau eines komplexen Systems, in diesem Fall eines stabilen Ich, zu ermöglichen. Das stabile Ich wird erst durch die Konzentration auf weniges möglich. Müsste der Mensch alles berücksichtigen, was er an sich selbst wahrnimmt, könnte er keine eindeutige Vorstellung davon entwickeln, wer er ist. Er könnte keinen Eindruck psychischer Einheit gewinnen, sondern würde mit seinen Wahrnehmungen zerfließen.

EIN SICH SELBST VERLIEHENER NAME

Identität hat – neben selektiver Selbstbeobachtung und der dadurch geschaffenen Illusion kontinuierlicher psychischer Einheit – noch eine weitere Bedingung: Sie braucht einen Namen. Auch hierauf weist Dirk Baecker hin, dessen Zitat ich nun vollständig aufführen kann.

> Identität ist das, was sich angesichts der verschiedenen Situationen, Wahrnehmungen, Gefühle, in denen man steckt, durchhält – und sie setzt voraus, dass man sich einen Namen geben kann.[17]

Es ist ein interessanter Aspekt der Identität, dass sie ohne eine entsprechende Benennung nicht existent ist. Wer nicht beschreiben kann, wer er ist, ist gewissermaßen nicht. Identität entsteht erst, wenn sie mit einem identifizierbaren Begriff benennbar ist.

Um als »Mann« handeln zu können, brauche ich den Begriff »Mann« und die damit verbundenen Vorstellungen, und nur mit diesem Begriff lässt sich der »Mann« von der »Frau« und den damit verbundenen Vorstellungen unterscheiden.

Jeder Mensch verfügt über eine Benennung seiner Identität, jeder Mensch verfügt über einen Namen, den er sich selbst verliehen hat.

Der gebräuchlichste Name für die eigene Identität lautet schlicht und einfach *Ich*.

Der Gebrauch dieses Namens ist überaus sinnvoll. Er verbirgt nämlich, dass damit ständig jemand anders bezeichnet wird. In einem Augenblick ist damit »der Fröhliche« gemeint und in dem nächsten Moment »der Traurige«. In Sekundenbruchteilen kann aus dem »Friedlichen« beispielsweise der

»Aggressive« werden. Unter dem Dach des Namens *Ich* findet all das Platz, ohne dass der Identitätswechsel, der eigentlich stattgefunden hat, bemerkt werden muss.

Das Ich ist ein Sammelbegriff, der sich aus etlichen Fragmenten und Möglichkeiten zusammensetzt. Ich, der Herr Mary. Ich, der Mann. Ich, der Autor. Ich, der Partner usw. Diese Identitäten lassen sich weiter aufsplittern. Ich, der ehrliche Partner. Ich, der gesunde Mann. Ich, der erfolgreiche Autor oder was auch immer jemand von sich glaubt.

BEDEUTUNG DER IDENTITÄT

Man mag sich fragen, wozu es so wichtig ist, über eine klar erscheinende, abgegrenzte Vorstellung von sich selbst zu verfügen. Am Beispiel des biologischen Systems der Zelle lässt sich das gut erläutern.

Eine Zelle wird von einer Membran umhüllt. Innerhalb der Membran befindet sich ein ganzes Universum von Molekülen, DNA und Proteinen. Allein die Membran, die Zellhülle, verhindert, dass ihre Bestandteile zerfließen und von der Umgebung absorbiert werden. Die Membran sorgt also für die Geschlossenheit des biologischen Systems Zelle.

Ebenso kann man sich die Aufgabe der Identität vorstellen. Die Identität umhüllt die Psyche wie eine dünne Haut und hält sie zusammen. Was sich innerhalb der Hülle befindet, ist »Ich«, alles außerhalb gehört zur Umwelt und ist damit »Nicht-Ich«. Ohne Identität würde die Psyche zerfließen und sich von der Umgebung nicht mehr unterscheiden.

Wenn ein Mensch zu nichts *Ich* sagen könnte, wenn er seinen Namen verlöre, wie das bei einer psychischen Erkrankung der Fall sein kann, würde er als abgegrenztes Individuum zu existieren aufhören. Sobald sich die Grenze des psychischen Systems zu seiner Umwelt auflöst, steht der Mensch handlungsunfähig da. Im Grunde ist er dann nicht mehr als Individuum existent.

Deshalb können Menschen auf ihre einmal aufgebaute Identität nicht verzichten und halten so gut und so lange als möglich daran fest.

Dieser Umstand ist im Zusammenhang mit dem Thema »Veränderung« von großer Bedeutung. Er führt nämlich dazu, dass die Identität des Menschen ununterbrochen angegriffen wird.

*Was letztlich scheitert, ist die Absicht, zu bleiben,
wer man zu sein glaubt.*

ANGRIFFE AUF DIE IDENTITÄT

Aus seiner Selbstbeschreibung, aus der Identität, aus dem, wer er glaubt zu sein, trifft ein Mensch Voraussagen in Bezug auf das eigene Verhalten und Erleben. Somit stellt Identität eine psychische Struktur dar, die ganz bestimmte Erwartungen produziert.

Wer sich »jung« nennt, erwartet keinesfalls Knochenschwund. Wer sich »gesund« nennt, erwartet keine Krankheit. Der gesunde Mensch erwartet vielmehr, immer gesund zu bleiben. Der erfolgreiche Autor möchte weiterhin erfolgreiche Bücher schreiben. Der ehrliche Partner möchte eine ehrliche Partnerin und weder sich selbst noch sie bei Lügen erwischen.

Es versteht sich, dass die von der Identität produzierten Erwartungen keinesfalls immer bestätigt werden. Schließlich verändert sich die Umwelt der Psyche, die eigene Umwelt (das verborgene Innere) und die andere Umwelt (das verborgene Äußere) permanent. Es ist also nur eine Frage der Zeit, bis die Identität angegriffen wird.

Der gute Autor schreibt ein schlechtes Buch, der ehrliche Partner lügt, der gesunde Mann wird krank. Solche Vorgänge stören, bedeuten aber keinesfalls, dass sich die Psyche und ihr

Repräsentant, das Ich, quasi automatisch den veränderten Bedingungen anpassen.

Eine Störung des psychischen Zustandes und der damit verbundene Angriff auf die Identität führen nicht automatisch zu einer Identitätsänderung. Im Gegenteil: Ein Angriff auf die Identität führt zum Versuch, diese unter allen Umständen zu verteidigen.

VERTEIDIGUNG DER IDENTITÄT

Auch wenn sich um die Psyche herum alles Mögliche verändert, kann die Vorstellung von sich selbst noch lange Zeit unverändert erhalten bleiben. Denn in ihrem Bedürfnis nach einem verlässlichen Ich hält die Psyche an ihrer Vorstellung von sich fest, solange es geht. Wenn die Identität angegriffen wird, ergibt sich demnach folgendes Bild: Die Umwelt hat den Zustand der Psyche verändert, aber die Identität, die Vorstellung von sich selbst, bleibt noch eine Weile bestehen.

Manchmal kommen Menschen in die Beratung, die ihr Problem beschreiben, indem sie sagen: »Ich bin traurig.« Doch traurig zu sein ist kein Problem. Im Grunde sagt so jemand »Ich bin traurig, will es aber nicht sein«. Er sagt damit, dass er seine Identität »Ich bin ein fröhlicher Mensch« nicht aufgeben möchte, und so etwas ist ein Problem, zumindest, wenn man traurig ist. Das Problem wäre leicht zu lösen, wenn der Betreffende seine Identität ändert und einfach traurig ist, aber dann müsste er – zeitweise – einen anderen Namen annehmen. Aus dem »Fröhlichen« müsste der »Traurige« werden. Aber dem wird gerade nicht zugestimmt.

Niemand will seinen Namen verlieren. Jeder will erst einmal bleiben, wer er glaubt zu sein, auch wenn er das schon nicht mehr ist!

Warum macht man solch einen Identitätswechsel nicht einfach mit? Weil es extrem aufwändig ist, seine Selbstvorstellung zu verändern. Es ist sehr schwierig, sich einen anderen Namen zu geben. Von dieser Schwierigkeit leben Therapeuten. Das stellt auch der Soziologe Dirk Baecker fest:

Offenbar ist das Festhalten an einer einmal gefundenen
Identität leichter als die Umstellung auf eine neue Situation.[18]

Psychologen können dem nur zustimmen. An der Beharrlichkeit, mit der Menschen an einer einmal gewonnenen Selbstvorstellung festhalten, lässt sich ersehen, wie sehr wir darauf angewiesen sind, uns als anhaltende Einheit, als Konstanz, wahrzunehmen. Identität ist nicht so leicht zu erschüttern. Deshalb hinkt sie den Ereignissen stets hinterher. Oder andersherum:

Das Leben eilt der Veränderung der eigenen Identität immer wieder voraus. Das Leben verteilt ständig neue Namen, aber wir wollen sie nicht annehmen.

Damit eröffnet sich uns eine passende Definition des Begriffs Scheitern: Was im Leben mit Sicherheit scheitert, ist die Absicht, zu bleiben, wer man ist, genauer: die Absicht zu bleiben, wer man zu sein glaubt.

Vielleicht wird die Schwierigkeit des Identitätswechsels verständlich, wenn man sich Identität als ein Paar Krücken vorstellt, als eine notwendige Gehhilfe im Dschungel der Psyche. Keiner, der auf seinen Beinen bleiben will, wird seine bewährten Gehhilfen einfach so abgeben. Worauf sollte man sich dann stützen, worauf verlassen? Nein, die Krücken werden erst weggeben, wenn andere Möglichkeiten der Fortbewegung entwickelt sind, wenn man eine andere Selbstvorstellung von sich gewonnen hat. Und so etwas dauert.

Selbstverständlich kann der Angriff auf die Identität auch massiver sein, als es durch leichte oder schwerere Störungen des psychischen Zustandes der Fall ist. Man kann beispielsweise von einem schweren Unfall oder von vergleichbar extremen Umweltveränderungen betroffen sein. Dann werden die Krücken sozusagen weggeschlagen und derjenige fällt hin. Damit ist er in einer schweren Krise gelandet und muss sich Stück für Stück wieder hochrappeln. Dennoch wird sein anfängliches Bemühen nicht darin bestehen, eine neue Identität aufzubauen, sondern er wird erst einmal versuchen, die alte Identität zu restaurieren, wieder »ganz der Alte« zu werden.

Veränderung wird vermieden, solange es möglich ist. Für die Psyche steht an erster Stelle der Versuch, eine Identitätsbeschädigung oder einen Identitätsverlust zu vermeiden.

Von einem Identitätsverlust bedroht zu sein bedeutet, dass der Film des eigenen Lebens einen Riss bekommt und man sich nicht wieder erkennt. Wenn jemand Gefahr läuft, die Anschlussfähigkeit für die Selbstwahrnehmung zu verlieren, wenn er also etwas völlig Unerwartetes an sich beobachtet, dann sagt er: »Ich erkenne mich nicht wieder« und folgert daraus: »Das bin nicht ich« oder zumindest: »Das wollte ich nicht«.

Der Partner, der fremdgeht, sagt anschließend: »Das wollte ich nicht.« Das stimmt, der treue Partner wollte es nicht. Wer hat es dann getan? Der untreue Partner, und der wollte es tun. Aber der bin »Ich nicht«. Der Mensch, der meint, stark zu sein und der eine Schwächephase durchlebt, sagt: »Dieses Häufchen Elend bin nicht ich.« Wer zeigt dann diese Schwäche? Der schwache Mensch, dessen Namen er nicht annehmen will.

Was in den Wechselfällen des Lebens scheitert, ist die Vorstellung, die man von sich selbst entwickelt hat. Deshalb wird man kein Scheitern finden, das frei von Irritation, Gefährdung oder sogar von einem Verlust der Identität stattfindet.

Doch wie auch immer die Identität angegriffen wird, ob durch Störung oder Destruktion, wenn sich die Umwelt der Psyche verändert hat, wird dringend eine neue Identität gebraucht, um das Problem aufzulösen oder die Krise zu beenden.

Da der Aufbau einer neuen Identität aber so lange als möglich verweigert wird, sorgt die Krise selbst für ihre Bewältigung.

Der Aufbau neuer psychischer Strukturen kann nur durch die Psyche selbst geschehen.

DIE BEWÄLTIGUNG DES SCHEITERNS

In Krisen kann man ungewöhnliche Dinge tun, Strukturen ändern, die sonst nicht geändert werden.[19]

Angriffe auf die Identität rufen psychische Störungen und im Extremfall Krisen hervor. Die Erwartung, zu bleiben, wer man ist, scheitert; und weil niemand eine neue Identität aus dem Ärmel schütteln kann, muss die Krise wohl oder übel durchschritten werden.

Der Begriff der Krise wird hier in einem weitläufigen Sinn gebraucht. Sie sollten darunter nicht nur den psychischen Zusammenbruch verstehen, sondern auch Irritationen, Verunsicherungen, Zweifel, Probleme, Leid und vergleichbare Störungsformen.

Die Krise, behaupte ich, muss durchschritten werden. Stellen wir uns vor, jemand wäre absolut krisenresistent. Dann bliebe sein Scheitern gänzlich unbemerkt, und in diesem Fall könnte sich die veränderte Umwelt einzig destruktiv auswirken. So wie das bei einem Herzinfarkt oder Gehirnschlag der Fall ist, wo die Verstopfung der Adern unbemerkt vor sich geht und die Zerstörung dann schlagartig eintritt. Vergleichbares trifft auf manche Paare zu. Ihnen wird schlagartig klar, dass es vorbei ist, und sie stellen entsetzt fest, jahrelang nicht bemerkt zu haben, dass in der Beziehung etwas nicht mehr stimmt.

Nur bemerkbare Störungen – also kleinere oder größere Krisen – liefern die Chance, die psychische Struktur den veränderten Umweltbedingungen anzupassen.

VOM SEGEN DER KRISE

Es gilt demnach, den vom Makel des schuldhaften Versagens behafteten Begriff der Krise weiter zu fassen, als das umgangssprachlich geschieht. Der Begriff verliert einen Teil seines negativen Beigeschmacks, wenn man seine etymologische Bedeutung heranzieht.

Krise bedeutet Wandel.

Weil aber niemand einen Wandel herbeiführen möchte, wenn alles scheinbar gut läuft, ist Wandel grundsätzlich nur krisenhaft möglich, nur, wenn es offensichtlich schlecht oder gar nicht mehr läuft.

An dieser Stelle taucht meist das Gegenargument auf, Menschen würden den Wandel auch von sich aus herbeiführen, freiwillig und ohne dazu gezwungen zu sein. Dieser idealistischen Sicht möchte ich widersprechen.

Wenn jemand »von selbst« einen Wandel sucht, kann man davon ausgehen, dass es für ihn in irgendeiner Form schlecht läuft, dass er bereits leidet. Vielleicht benutzt er nicht die Worte Leid, Problem oder Krise, um seine Situation zu beschreiben. Vielleicht gebraucht er Worte wie Langeweile oder Neugier oder spricht davon, seine Situation optimieren zu wollen.

Aber wozu strebt er nach Optimierung? Woher stammt die Sehnsucht danach, es »noch besser« zu haben? Natürlich ist das Motiv Unzufriedenheit oder Leiden, und daran ändern die schönsten Worte nichts.

KRAFTAKT VERÄNDERUNG

Die Veränderung einer individuellen Lebenseinstellung, einer Beziehung, der Umbau von Firmen oder die Reformierung von Gesellschaften ist krisenfrei nicht machbar, weil ohne Krise die Motivation fehlt, solche Kraftakte auf sich zu nehmen. Und Veränderungen, vor allem solche, die diesen Namen verdienen, stellen immer einen Kraftakt dar.

Niklas Luhmann spricht im obigen Zitat davon, in der Krise könne man ungewöhnliche Dinge tun. Das bedeutet gleichzeitig, dass man außerhalb der Krise gewöhnliche Dinge tut. Genau das aber führt auf dem Hintergrund sich ändernder Umwelten ja in die Krise hinein. Aus der Krise herauszukommen erfordert dann, Ungewöhnliches zu tun. Deshalb gilt uneingeschränkt:

Willst du etwas ändern? Dann brauchst du ein Problem. Willst du etwas Grundlegendes verändern? Dann brauchst du eine Krise!

Erst Störung und Leid mobilisieren die Kraft dafür, Strukturen zu ändern, aus denen man bisher seine Erwartungen bezog. Diese Erwartungen führten in die Krise, sie haben ihr Versprechen, jederzeit hilfreich zu sein, gebrochen und sich aktuell als wertlos erwiesen. Auf die alten Strukturen ist offensichtlich kein Verlass mehr. Ist das in vollem Umfang erkannt, kann man ungewöhnliche Dinge tun und bisher Unvorstellbares wird plötzlich vorstellbar. Man macht sich an das Projekt Bewältigung.

PSYCHISCHE STRUKTUREN VERÄNDERN

Wodurch werden Krisen bewältigt? Das mit der Krise verbundene Leid löst sich auf, sobald die Umweltveränderungen – deren Auswirkungen das System belasten – in der Systemstruktur berücksichtigt werden und die verlorene Passung der Psyche zu ihrer Umwelt wiederhergestellt ist.

Bei der Bewältigung von Krisen geht es also kurz gesagt darum, sich an die Umwelt anzupassen und dazu neue psychische Strukturen aufzubauen.

Erinnern wir uns: Eine psychische Struktur besteht aus Erwartungen. Diese Erwartungen bilden sich in einem Prozess, in dem das Gehirn ein Phänomen deutet und aufgrund dieser Deutung zu der Überzeugung kommt, was als Nächstes passieren wird und dieses dann erwartet. Auf diesen eigenen Erwartungen beruht dann das eigene Verhalten.

Ich sehe dich mit einem anderen Mann sprechen – ich deute: du willst fremdgehen – ich erwarte deine Tat – ich kontrolliere dich und spioniere dich aus. Hier arbeitet die psychische Struktur eines »eifersüchtigen« oder »ängstlichen« Menschen.

Eine psychische Struktur zu verändern erfordert es nun, für bestimmte Phänomene andere Deutungen zu entwickeln, die andere Überzeugungen produzieren und in einem anderen Verhalten münden.

Ich sehe dich mit einem anderen Mann sprechen – ich deute: du hast einen interessanten Abend – ich erwarte nichts Negatives – ich lasse dir Raum. Hier arbeitet die psychische Struktur eines »gelassenen« und »selbstbewussten« Menschen.

Die psychische Struktur zu verändern, diese Aufgabe scheint recht locker machbar zu sein, ist es aber ganz und gar nicht, wie jeder aus den Krisen seines Lebens zu berichten weiß. In Wahrheit ist es ein außerordentlicher Kraftakt.

Einen solchen Umbau psychischer Strukturen kann man übrigens nur selbst vornehmen. Man muss selbst zu veränderten Deutungen und Erwartungen kommen, und dazu reicht gedankliche Absicht allein nicht aus. Aus der operativen Geschlossenheit des psychischen Systems ergibt sich nämlich, dass psychische Strukturen nicht importiert werden können. Man kann »Selbstbewusstsein« nicht von jemand kaufen, es sich nicht anlesen, es nicht geschenkt bekommen. Deshalb hilft der gut gemeinte Rat von Freunden meist nicht weiter.

So bleibt nichts anderes übrig, als eine veränderte psychische Struktur im Bewältigungsprozess selbst und mühsam aufzubauen.

*Der Sinn einer Störung besteht darin
zu entdecken, wie es weitergeht.*

SCHRITTE DER BEWÄLTIGUNG

Der Prozess der Bewältigung einer Krise durchläuft in der Regel vier Stufen.

Er beginnt im ersten Schritt damit, Irritation, Störung oder Krise wahrzunehmen, setzt sich im zweiten Schritt darin fort, der Störung einen Sinn zu verleihen, führt im dritten Schritt zu einer veränderten Identität, aus der sich im vierten und letzten Schritt neue Handlungsoptionen ergeben.

Betrachten wir diese vier Schritte der Störungsbewältigung im Einzelnen.

1. SCHRITT: STÖRUNGEN WAHRNEHMEN

Vielleicht mag es überraschen, dass der erste Schritt der Bewältigung darin bestehen soll, eine Störung wahrzunehmen. Störungen, so könnte man glauben, sind doch kaum zu übersehen, sie fallen doch sofort auf.

Dem ist allerdings nicht so. Aus einer gewonnenen Identität, aus einer bestehenden Selbstvorstellung heraus, fällt es oft sehr schwer, Störungen wahrzunehmen. Die meisten Störungen tauchen nämlich nicht schlagartig auf, sondern schleichen sich sozusagen hinein. Ab und an erscheinen sie wie ein Flackern im Bewusstsein, ähnlich dem Flackern eines Fernsehbildschirmes, der nur kurz zuckt und dann wieder das gewohnte Bild zeigt.

Aufgrund ihrer anfänglichen Flüchtigkeit wird vielen Störungen eine untergeordnete Bedeutung zugewiesen. Dann wird zwar bemerkt, dass der Bildschirm flackert, im Licht der bestehenden Identität scheint aber kein Sinn darin zu liegen, weshalb die Störung ignoriert wird und aus dem Blickfeld gerät.

Das unerwartete Zwicken in seiner Brust deutet der »Jogger« als schlichten Muskelkater, ebenso wie ein zweites, drittes, viertes Zwicken und ignoriert es. Den Streit in der Partnerschaft deuten die »Harmonischen« als ein unerklärliches Missverständnis, das leicht abgetan werden kann.

Die erste Reaktion auf beginnende Störungen besteht grundsätzlich darin, sie zu diskriminieren, um die bisherige Selbstvorstellung, die bestehende Identität, zu erhalten. Es wird sogar versucht, die subtil angegriffene Identität zu festigen. Der Jogger wird seinen vermeintlichen Muskelkater wegtrainieren und dem streitenden Paar ist es ein Bedürfnis, schnell wieder Frieden zu schließen. Dann scheint alles in Ordnung zu sein, die Aufmerksamkeit wendet sich anderem zu, und die Störung verschwindet in der Nichtbeachtung. Für eine Weile zumindest.

Da Umweltveränderungen auf diesem Weg von der Psyche nicht durch entsprechende Strukturveränderungen aufgefangen werden, taucht die Störung allerdings wieder verlässlich aus dem Nichtwissen auf. Die Störung stört und nervt, und sie erledigt diesen Job in den meisten Fällen gründlich und gut, unabhängig davon, wie lange es dauert, bis die Aufmerksamkeit sich dem Problem zuwendet.

VERDICHTUNG

Die Störung verdichtet sich, das Leben eilt weiter davon. Parallel zu dieser Entwicklung verändert sich der psychische Zustand derart, dass die Psyche Probleme damit bekommt, sich selbst zu erkennen. Die Identität ist gefährdet. Schließlich ist es nun unübersehbar, dass sich im Bewusstsein Dinge abspielen, die fremd erscheinen, die scheinbar nicht dort hingehören.

Das Zwicken in der Brust wird zum schmerzhaften Stechen, das überhaupt nicht zur Selbstvorstellung des »Joggers« passt; und der wiederkehrende Streit der Partner widerlegt die Vorstellungen der »Harmonischen« von ihrer reibungslosen Partnerschaft.

Die Identität beginnt zu wanken.

Man erkennt: Was da passiert, das bin NICHT ICH, aber es ist da, und damit wird die Störung oder Krise des Ich eingeräumt und (vor sich selbst) zugegeben.

Diese erste Hürde der Bewältigung zu überwinden, ich möchte es nochmals betonen, ist alles andere als einfach. Mitunter besteht darin sogar der schwierigste Teil des Bewältigungsvorgangs. Das werden die praktischen Beispiele zeigen, die ich später schildern werde.

Ist diese Hürde genommen und hat sich eine Störung ins Zentrum der Wahrnehmung geschoben und Beachtung errungen, kann der zweite Schritt der Krisenbewältigung in Angriff genommen werden, in dem es darum geht, der bisher noch völlig rätselhaften Störung einen Sinn zu verleihen.

2. SCHRITT: SINN FINDEN

Die Irritation, die Störung oder die Krise ist da, und sie wird nicht länger geleugnet.

Allerdings ist sie auch nicht zu begreifen. Mit der Störung hat man es mit etwas Rätselhaftem zu tun, mit dem man vorerst nichts anzufangen weiß. Die Vorgänge sind in die Identität nicht einzuordnen, sie ergeben dort keinen Sinn. »Das bin nicht ich«, lautet der Kommentar der Psyche zu ihrem veränderten Zustand, in dem sie sich nicht erkennt.

Bliebe die Störung auf Dauer sinnlos, könnte das System seine Strukturen nicht darauf einstellen. Die Störung würde nicht aufgefangen werden, sondern sich im Rahmen der Verdichtung weiterhin destruktiv auswirken. Der »Sportler« muss einen Sinn in seinen Brustschmerzen finden, und die »Harmonischen« müssen einen Sinn in ihren Konflikten sehen, erst dann können sie sich auf die Veränderung einstellen.

Sinn wird also dringend gebraucht. Aber woher soll man ihn nehmen? Aus den Ereignissen? Das wird nicht gelingen, weil darin kein Sinn enthalten ist. Ereignisse sind grundsätzlich und ausnahmslos sinnlos. Ein Ereignis ist nichts weiter als ein Ereignis. Es hat keinen Sinn – oder besser gesagt: Einem Ereignis wird von jedem System – von jeder Psyche – ein anderer Sinn verliehen.

SINN ALS SYSTEMKATEGORIE

Sinn ist eine Systemkategorie. Sie entsteht durch Bedeutungszuweisungen, die sich aus Erinnerungen und Vorstellungen, aus der Struktur der jeweiligen Psyche, ergeben. Einen verallgemeinerbaren oder objektiven Sinn, auf den das Individuum einfach zurückgreifen könnte, gibt es nicht. Daran ändert auch die Tatsache nichts, dass Menschen eines Kulturkreises bestimmten Ereignissen einen vergleichbaren Sinn zuweisen.

Welcher objektive Sinn sollte sich beispielsweise hinter dem Meteoriteneinschlag bei Mexiko verbergen, der vor Millionen Jahren zum Aussterben der Saurier führte? In dem Ereignis war kein Sinn enthalten, es ist einfach passiert. Oder welchen Sinn sollte ein Autounfall haben, der jemanden zum Krüppel macht? Auch darin ist kein Sinn versteckt.

Weil kein Sinn darin liegt, kann Ereignissen auch keiner entnommen werden. Das System braucht aber einen Sinn, um sich auf ein Ereignis einstellen zu können. Deshalb bleibt der Psyche nur, dem Geschehen selbst einen Sinn zu verleihen. Sinn wird zu dem einzigen Zweck produziert, mit einem Ereignis, in diesem Fall mit einer Störung, etwas anfangen und damit umgehen zu können.

Das System greift auf eigene Zustände, auf Irritationen, die es selbst erfährt, zu, um daraus (sinnvolle) Informationen zu machen und mit diesen Informationen weiterzuarbeiten.[20]

Das Zitat weist auf die Bedingung hin, unter der eine Veränderung, eine Irritation oder ein Problem zu bewältigen ist, und die darin besteht, brauchbare Informationen aus Ereignissen zu gewinnen.

Eine Störung wird in dem Augenblick zu einer brauchbaren Information, wenn ihre Bedeutung – ihr Sinn – für das System erkannt wird.

SINNSUCHE AUS NOTWENDIGKEIT

Diese Bedeutung kann ein System aber nur selbst vergeben. Sie besteht darin zu entdecken, wie sich die Strukturen der veränderten Umwelt anpassen müssen, damit der Zustand der Psyche als normal erachtet wird.

Der ganze Sinn einer Störung besteht allein darin, zu entdecken, wie es weitergeht.

Das klingt profan, frei von höherer Bedeutung, aber zugleich ist das Ziel »weitergehen« das wichtigste und bedeutendste Ziel, das ein System verfolgen kann.

Wenn die Psyche von einer Störung betroffen ist, gerät sie sozusagen in die Not der Sinnsuche. Sinn wird auf jeden Fall gebraucht, damit die Störung bewältigt werden kann.

Sinn wird so notwendig gebraucht, dass viele Menschen die Vorstellung, Ereignisse könnten sinnlos sein, strikt zurückweisen. Deshalb haben sich seit Urzeiten Menschen immer wieder und erfolgreich in der Sinnproduktion betätigt. Eines der mächtigsten Systeme zur Sinngewinnung ist die Religion.

Religion beantwortet unbeantwortbare Fragen, beispielsweise nach dem Ursprung der Welt, dem Sinn des Lebens, dem Tod etc. mit dem Instrument des Glaubens. Daher kann der Glaube selbst schwerwiegenden Ereignissen wie dem Verlust geliebter Menschen oder Kriegen einen Sinn verleihen. Beispielsweise, indem Religion das Geschehen als Gottes Wille begreift und darin eine Glaubensprüfung sieht, die Gott dem Gläubigen auferlegt. Auf diese Weise wird dem psychischen System auch unter derart schwierigen Bedingungen zum Weiterarbeiten verholfen.

Psychologie ist ein weiterer gesellschaftlicher Bereich, aus dem sich Menschen mit Sinn versorgen können. Sie gewinnt gegenüber der Religion zunehmend an Bedeutung. In einer psychologischen Deutung kann eine körperliche Einschränkung als Chance, sich auf das Wesentliche im Leben zu konzentrieren, begriffen werden. Viele durch Unfall versehrte Menschen berichten, ihr Leben sei nach dem Unfall intensiver und unmittelbarer geworden. Die Psychologie liefert hierzu sinnvolle Deutungen, und die Psychotherapie hilft dabei, diese Erklärungen zu erarbeiten.

In einem *esoterischen Glaubenssystem* hingegen kann der gleiche Vorfall, etwa eine Krankheit, als Sühne für Verfehlungen in vergangenen Leben und als Reinigung in Hinsicht auf zukünftige Leben interpretiert werden. Auch dieser Sinn wird sich, wenn er geglaubt wird, als hilfreich dabei erweisen, mit Schicksalsschlägen umzugehen.

Auf den Sinn, der Krisen aus systemischer Sicht gegeben wird, weist das obige Zitat von Niklas Luhmann hin, der nüchtern feststellt, dass man in Krisen ungewöhnliche Dinge tun und Strukturen ändern kann, die sonst nicht geändert würden. Der Sinn von Krisen liegt hier schlicht in der Systemerhaltung durch Anpassung.

SINN FÜHRT WEITER

Welcher Sinn es auch sein mag, wenn es dem Menschen gelingt, in seiner individuellen Krise Sinn zu finden, wird er die Krise bewältigen, weil er mit diesen Informationen »weitermachen«, das heißt, anders weiterleben kann.

So könnte ein Herzinfarktpatient den Sinn des Vorfalls darin sehen, sein Leben zu ändern, mehr Sport zu treiben, sich fettarmer zu ernähren und auf Entspannung mehr Wert zu legen. Durch diese Sinngebung würde er sich gestärkt fühlen und sein Leben nach dem Vorfall womöglich als qualitätsvoller empfinden als vor dem Herzinfarkt. Und die »Harmonischen« könnten den Sinn ihrer Streitereien darin sehen, ihre Partnerschaft zu verändern, indem sie ehrlicher miteinander umgehen und neue Regeln vereinbaren.

Es gibt buchstäblich kein Ereignis, dessen Folgen die Psyche (auf Dauer) nicht anzunehmen vermag, vorausgesetzt es gelingt ihr, ihm einen Sinn zuzuweisen. Das gilt auch für psychisch sehr schmerzhafte Vorgänge wie beispielsweise den, von seinem Ehepartner verlassen zu werden. Welcher Sinn könnte in solch einem Vorfall gefunden werden? Eine von vielen möglichen Antworten liefert Joschka Fischer, lange nachdem er von seiner dritten Ehefrau verlassen wurde:

Im Grunde genommen habe ich Claudia unglaublich viel zu verdanken, weil sie mich aus diesem selbstzerstörerischen Trip, auf dem ich war, rausgehauen hat und mir gleichzeitig die Chance eröffnet hat, mit mir ins Reine zu kommen.[21]

Mit Sinn ist Weiterleben möglich, ohne Sinn wird es schwierig bis unmöglich. Deshalb gibt es keine bewältigte Krise, in der nicht irgendein Sinn gefunden wurde. In den später geschilderten Bewältigungsgeschichten wird deutlich werden, dass Sinn selbst in schwierigsten Situationen zu finden ist.

SINNLOSE WELT

Diese Ausführungen legen die Gedanken nahe, dass die Welt grundsätzlich sinnlos ist und auch, dass sich jeder Mensch den Sinn seines Lebens selbst zusammenbastelt. In der Tat muss man aus systemischer Sicht davon ausgehen, dass es keinen den Systemen übergeordneten Sinn gibt, der ihre Abläufe steuert, auch keinen Plan darüber, wie die Evolution abzulaufen habe. Es gibt lediglich Systeme, die füreinander Umwelten darstellen und die darauf angewiesen sind, Strukturen aufzubauen, die ihren Erhalt unter konkreten Bedingungen ermöglichen.

Ein interessantes Beispiel zu dieser These lieferte die kürzliche Entdeckung[22] einer Menschenart auf der indonesischen Insel Flores. Diese Menschen, die bis vor 13 000 Jahren dort lebten, waren lediglich einen Meter groß, ihre Gehirne wogen nur ein Drittel des heute üblichen Gewichts. Die Forscher gehen davon aus, dass diese Menschenart aus zurückentwickelten *Homo erectus* entstanden ist, die einst auf Flößen auf die Insel kamen. Diese Menschen nahmen in der speziellen Inselumwelt die gleiche Entwicklung, die von anderen großen Säugetierarten schon bekannt ist. Wenn aufgrund einer begrenzten Umwelt der Zwang zur Anpassung, der Kampf ums Überleben ausbleibt, ist es sinnlos, sich ständig weiterzuentwickeln. Wenn dann noch Nahrungsmittelknappheit dazukommt, pflanzen sich nur die Kleinsten fort. Die Arten verzichten auf weitere Ausdifferenzierung und stellen sich auf ihre reizarme Umwelt ein. Das ist wiederum sinnvoll. Von einem Plan, einem übergeordneten Sinn, einer vorgesehenen Richtung der Evolution, kann man allerdings nicht sprechen.

Der einzige Sinn des Lebens liegt demnach darin, zu leben.

3. SCHRITT:
EINE NEUE IDENTITÄT GEWINNEN

Ist der Störung ein Sinn zugewiesen – mitunter ein langwieriger und schwieriger Prozess –, mündet diese Entwicklung fast unmerklich in einer grundlegenden Veränderung: Der Betroffene ist ein »anderer Mensch« geworden.

Beispielsweise ist aus einem »Spitzensportler« durch die *sinnhafte* Bewältigung körperlicher Störungen ein »Normalmensch« geworden. Dem Spitzensportler bescherte nur eines Sinn: trainieren, kämpfen, siegen. Der Normalmensch hingegen findet Sinn in Gelassenheit und Einfachheit. Er hat kein Problem damit, ziellos spazieren zu gehen anstatt zielorientiert an seinem Körper zu arbeiten.

Aus dem »Unversehrten« ist durch die sinnhafte Bewältigung eines Unfalls ein »Krüppel« geworden. Für den Krüppel stellt es kein Problem dar, seine Lebensenergie ausschließlich in die Alltagsbewältigung des Hier und Jetzt zu stecken, für den Unversehrten war solcher Kleinkram dagegen sinnlose Zeitverschwendung, er träumte von großen Taten und einer großartigen Zukunft.

Während des Prozesses der Sinnfindung hat sich die Identität des Menschen verändert, und zwar selbst dann, wenn sich diese Identitätsänderung unmerklich vollzogen hat.

Der Mensch, der Sinn in der Störung entdeckt hat, ist nicht mehr der gleiche, er ist ein veränderter Mensch. Wenn er jetzt von »Ich« spricht, bezieht er sich auf eine veränderte Selbstvorstellung. Er versteht etwas anderes unter »Ich« als vor der Krise.

Hier zeigt sich wiederum die Bedeutung des Begriffs Krise als *Wandel*, denn sie verwandelt denjenigen, der sie durchschreitet. Aus dem »Ehemann« wird ein »Geschiedener«, aus dem »Erfolgreichen« ein »Bescheidener«, aus dem »Ängstlichen« ein »Mutiger« etc.

Bewältigung erfordert es, eine Identität anzunehmen, mit der es »weitergeht«.

Man sollte sich einen Identitätswandel jedoch nicht als bloßen Willensakt vorstellen, der im Sinne der Entscheidung »ab morgen bin ich ein Anderer« durchgeführt wird. Vielmehr geht es darum, neue psychische Strukturen aufzubauen. Wie kann das vonstatten gehen?

Das zentrale Element der psychischen Struktur besteht darin, Wahrnehmungen sinnvolle Bedeutungen zuzuweisen. Die psychische Struktur zu verändern erfordert es daher, andere Bedeutungen für gleiche Wahrnehmungen zu entwickeln.

Welche Bedeutung hat beispielsweise ein Kratzer im neuen Auto? Oder ein Fleck auf der frisch gestrichenen Wohnzimmerwand? Gibt es eine verallgemeinerbare Bedeutung für diese kleinen Vorfälle? Keineswegs, denn solche Fragen lassen sich unabhängig von einer Identität nicht beantworten. Die korrekte Frage muss daher lauten: Welche Bedeutung haben Kratzer und Fleck *für wen*? Für den Besitzer des Wagens und der Wohnung bedeuten sie etwas ganz anderes als für seinen Freund oder Nachbarn.

Welche Bedeutung hat es, von einem Partner verlassen zu werden? Auch hier ist die eigentliche Frage *für wen*? Für jemand »Ängstlichen« hat der Vorgang eine ganz andere Bedeutung als für jemand »Selbstbewussten«.

Im Laufe eines Bewältigungsprozesses gilt es daher, unzählige neue Bedeutungen für vergleichbare oder ähnliche Wahrnehmungen zu entwickeln, und mit diesem neuen Sinn verändert sich allmählich der Begriff davon, wer »Ich« bin.

Aus der im Laufe des Bewältigungsprozesses veränderten Identität ergibt sich schließlich wie von selbst ein neuer Handlungszugang.

4. SCHRITT: SICH VERÄNDERT VERHALTEN

Wer »ein Anderer« geworden ist, verhält sich mühelos und völlig selbstverständlich anders. Er braucht sich um Handlungskonsequenzen keine Gedanken zu machen.

Das wird deutlich, wenn wir zwei mögliche Identitäten eines Menschen einander gegenüberstellen, beispielsweise die eines »robusten Managers« und die eines »empfindsamen Patienten«. Stellen wir uns dazu vor, ein Manager wäre durch einen Herzinfarkt zum Patienten geworden. Im Laufe der Bewältigung des Ereignisses hat er sich einer Operation unterzogen, lag wochenlang im Krankenhaus, war vom Arbeitsprozess entfernt, hat sich viele Gedanken über das Leben und den Tod gemacht, mehr Zeit mit seiner Familie verbracht, Hilfe angenommen und war gezwungen, in einem bisher nicht gekannten Ausmaß auf körperliche Bedürfnisse nach Ruhe und Entspannung einzugehen. Das alles hat ihn verändert und zum »empfindsamen Patienten« gemacht.

HANDLUNGSLOGIKEN

Die Identität des Mannes vor dem Ereignis unterscheidet sich deutlich von seiner Identität nach dem Ereignis, und auch sein Verhalten verändert sich, denn jede dieser Identitäten »robuster Manager« und »empfindsamer Patient« verfügt über eine eigene, ganz spezifische Handlungslogik.

Der robuste Manager hält sich für belastbar. Er arbeitet viel und hart, macht Überstunden und verzichtet auf Urlaub. Er verfolgt das Ziel, ein gutes Leben zu führen, was für ihn bedeutet, nach oben zu kommen, Karriere zu machen und viel Geld zu verdienen.

Ganz anders der empfindsame Patient. Er hält sich nur für begrenzt belastbar, arbeitet weniger und das möglichst entspannt, geht frühzeitig nach Hause und macht ausgiebig Urlaub. Er verfolgt ebenfalls das Ziel eines guten Lebens, versteht darunter aber etwas völlig anderes, nämlich ein sozial reichhaltiges und genießendes Leben.

Was der eine von beiden tut, ergibt für den anderen keinen Sinn, und deshalb könnte er sich nie entsprechend verhalten. Das Faszinierende daran ist: Keiner von den beiden muss aus seiner Identität heraus auch nur einen Augenblick über die eigenen Handlungen nachdenken. Jeder weiß ganz von selbst, welches Verhalten ihm entspricht, einfach deshalb, weil alles außerhalb der jeweiligen spezifischen Identität Liegende bedeutungslos erscheint.

Mit der neuen Handlungslogik ist die Bewältigung abgeschlossen und der Zustand des Systems hat sich normalisiert, indem eine neue Identität entstanden ist.

*Wer eine Krise bewältigt, erhält vom Leben
einen neuen Namen.*

EINEN ANDEREN NAMEN ANNEHMEN

Damit sind wir beim zentralen Punkt der Frage, wie die Bewältigung von Störungen und Krisen funktioniert, angekommen.

Die Bewältigung von Störungen und Krisen geschieht nämlich *nicht*, wie die meisten Menschen glauben, indem man wieder auf die Beine kommt. Sie geschieht nicht, indem man der angegriffenen Identität zur Stärkung und zur Wiederauferstehung verhilft und wieder ganz »der Alte« wird.

Bewältigung geschieht, indem man einen anderen Namen annimmt.

Bewältigung von unabänderlichen Umweltveränderungen geschieht einzig, indem man seine Identität ändert und sie den veränderten Bedingungen anpasst. Deshalb sind viele Ratschläge, die sich Menschen in schwierigen Situationen von Freunden und Fachleuten geben lassen, völlig nutzlos.

Die Menschen fragen nämlich: Ich habe ein Problem. *Was* soll ich tun? Zu solchen Was-Fragen mag es zwar vielfache Antworten und hervorragende Ratschläge geben, aber die lösen die Situation nicht auf, weil sie sich an die alte Identität wenden. Solch eine Frage wird von jemandem gestellt, der ein Problem hat und der es loswerden möchte, von jemandem also, der seine Identität bewahren will.

Was-Fragen laufen meist ins Leere, aus dem einfachen Grund, weil niemand da ist, der die darauf folgenden Ratschläge befolgen und das Vorgeschlagene tun könnte!

Man kann leicht herausfinden, was zu tun wäre, es ist aber niemand da, der so etwas tun könnte.

Geben Sie einem Raucher den Rat, mit dem Rauchen aufzuhören. Er wird es nicht tun, weil er ein »Raucher« ist. Nur ein »Nichtraucher« kann nicht rauchen. Die Frage ist daher, wie man sich vom Raucher in den Nichtraucher verwandelt. In einschlägigen Entwöhnungsseminaren wird versucht, den nötigen Identitätswechsel auf dem Weg über Bedeutungsveränderungen zu vollziehen. Wenn Rauchen nicht mehr bloß Genuss und Entspannung bedeutet, sondern auch und vor allem Geldausgabe, Krankheit und Tod, und wenn Nichtrauchen nicht mehr Entbehrung, sondern Gesundheit und Wohlgefühl bedeutet, dann ist der Sinn des Rauchens verändert und damit die Identität des Menschen. Dass körperliche und emotionale Suchtstrukturen den nötigen Sinneswandel erschweren, ist hinlänglich bekannt. Daher kann die freundliche Unterstützung eines Raucherbeines oder Asthmas, die Krise des Rauchers, den nötigen Identitätswechsel begünstigen und beschleunigen.

WER STATT WAS

Solange keine neue Identität entwickelt ist, solange eigene Strukturen nicht verändert sind, solange ist auch niemand da, der sich anders zu verhalten vermag.

Die zur Bewältigung schwieriger Situationen notwendigen Antworten liefern daher nicht Was-, sondern Wer-Fragen.

Solche Fragen lauten beispielsweise:

Wer werde ich im Laufe dieser Entwicklungen?

In wen verwandelt mich das Ereignis?

Oder, in Bezug auf die Schwierigkeiten mit der alten Identität:

Wem passiert das?

Diese Fragen zielen auf die sich abzeichnende, durch die Störung angeregte neue Identität ab. Nicht der, der Ich-vor-der-Krise-war, sondern der, In-den-mich-die-Krise-verwandelt, besitzt die Fähigkeit, das Leben weiterzuführen.

FAZIT ZUR BEWÄLTIGUNG VON KRISEN

- Die psychische Struktur, die in Krisen verändert wird und zu ihrer Bewältigung verändert werden muss, offenbart sich in der Identität, der Selbstvorstellung eines Menschen.
- Durch Irritationen, Störungen und Krisen ist man aufgefordert, ein anderer zu werden.
- Dieser andere trägt einen neuen Namen und weiß aufgrund dieser Selbstvorstellung ganz von selbst, wie er sich zu verhalten hat.
- Das Leben vergibt in Abständen immer wieder neue Namen.

Wenn der Aufwand der Veränderung einer Situation geringer erscheint als der Aufwand ihres Ertragens, lohnt das Bewältigtwerdenmüssen.

DIE CHANCE DES BEWÄLTIGTWERDENMÜSSENS

So weit sind die wesentlichen Punkte zum Thema individuelle Veränderung behandelt – das Scheitern und seine Bewältigung. Das Scheitern bezeichnet in jedem Fall das Scheitern einer Identität, und dessen Bewältigung erfordert es, zu einer neuen, veränderten Identität zu gelangen.

Das Leben eilt dem Menschen voraus und fordert ihn auf, ihm zu folgen. Es konfrontiert ihn mit Unerwartetem, mit etwas, das scheinbar nicht zu ihm gehört und zwingt ihn, die aufgetauchten Elemente des Nichtwissens in sein psychisches System zu integrieren, bis sie in irgendeiner Form zu ihm gehören.

Was nicht ›zu mir‹ gehört, kann ich mir mit genau dieser Formulierung vorsichtig anschauen, bis ich entdecke, dass es doch zu mir gehört und mich eher bereichert als bedroht – zum Beispiel in der Form des Bewältigtwerdenmüssens bereichert.[23]

Die wunderbar paradoxe Formulierung der »Bereicherung in Form des Bewältigtwerdenmüssens«, sie stammt aus einem

Interview mit Dirk Baecker, weist auf die Widersprüchlichkeit jeder Bewältigung hin.

Einerseits sind wir vom Scheitern entsetzt und packen das Projekt Bewältigung nur notgedrungen und widerstrebend an. Andererseits birgt nur die Bewältigung des Scheiterns die Möglichkeit des Weiterlebens, in Bezug auf die Psyche die Chance des guten oder besseren Weiterlebens und damit der Bereicherung.

Muss man jede schwierige Situation bewältigen? Nein, nicht unbedingt und nicht sofort. Störungen lassen sich auch ertragen, bis zu einem gewissen Grad jedenfalls und sogar über längere Zeiträume hinweg. Aber sie lassen sich nicht folgenlos ertragen, denn sie verändern den psychischen Zustand und beeinträchtigen die Lebensqualität.

Irgendwann mag die Leidensfähigkeit dann ausgeschöpft sein, und der Mensch nimmt das Projekt Bewältigung in Angriff. Das passiert meist, wenn die Veränderung der Situation ein besseres Leben verspricht als das Ertragen es liefert.

Wenn der Aufwand der Veränderung geringer zu sein scheint als der Aufwand des Ertragens einer Situation sind Menschen bereit, sich zu verändern.

Die Formen der Bewältigung individueller Störungen und Krisen sind indes so vielfältig wie die Formen des Scheiterns.

Während der Phase der Bewältigung ist die Psyche von großer Unruhe befallen.

FORMEN DES SCHEITERNS UND DER BEWÄLTIGUNG

Wälder gedeihen keineswegs dann am besten, wenn sie in Ruhe gelassen werden. Im Gegenteil: Ohne tief greifende Störungen wie Sandstürme, Waldbrände, Lavaflüsse oder Vergletscherung neigen Waldböden dazu, im Lauf von Jahrtausenden unfruchtbar zu werden.[24]

Wer scheitert, ich will es nochmals hervorheben, hat nichts falsch gemacht. Richtig und falsch sind in Bezug auf Lebenshaltungen überaus fragwürdige Kriterien, da sich immer erst im Nachhinein herausstellt, wie sich eine Lebenseinstellung unter veränderten Umständen auswirkt. Wüsste man vorher, dass man etwas falsch macht, würde man es ohnehin gleich richtig tun.

Scheitern auf psychischer Ebene bezeichnet deshalb einfach das Ende eines Konzeptes und die notwendige Bewältigung einer Störung durch Identitätswandel.

Eine gelungene Bewältigung ist auch nicht zwingend gleichbedeutend mit einer Verbesserung der Lage. Zwar wird der psychische Zustand nach einer Störungsbewältigung in jedem Fall als besser empfunden als der Zustand während der

Störung, mit dem Zustand vor der Störung kann er allerdings nicht verglichen werden.

Es macht einfach keinen Sinn, Identitäten zu vergleichen. Die neue Identität ist nicht besser als die alte, sie ist anders. Sie ist an die Entwicklung angepasst. Wenn sich beispielsweise jemand an seinen Alterungsprozess anpasst, muss er davon nicht begeistert sein, aber er wird auf jeden Fall besser mit dieser Anpassung leben, als wenn er unbedingt jung bleiben möchte.

Nach einer Bewältigung liegt das Augenmerk nicht darauf, was man nicht mehr hat, sondern gilt dem, was unter den veränderten Umweltbedingungen zur Verfügung steht.

Insofern ist die Bewältigung eines Scheiterns ressourcenorientiert. Sie orientiert sich an dem, was *jetzt* möglich ist.

Um beim obigen Beispiel zu bleiben, trennt sich der alternde Mensch von einigem und verbindet sich gleichzeitig mit anderem. Er verliert, aber er gewinnt auch etwas. Seine neue Identität knüpft aber nicht an das Verlorene, sondern an die neuen Möglichkeiten an und wird so zur Ressource eines veränderten Lebens.

UNRUHIGE ÜBERGÄNGE

Das Aufgeben einer alten und Einnehmen einer neuen Identität wird als Passage erlebt, als Durchgang von einer Selbstvorstellung zu einer anderen und als Bewegung von einem vertrauten Selbstbild zu einem neuen Selbstbild.

Zwischen der alten und der neuen Identität liegt der Abschnitt der Störungsbewältigung als Zeit relativer Ungewissheit. In dieser Übergangszeit ist das psychische System von Unruhe geprägt.

Diese psychische Unruhe macht sich unterschiedlich intensiv bemerkbar, je nachdem, wie stark eine Störung den Bewusstseinszustand verändert. Man kann die psychische Beunruhigung nach ihrer Intensität ordnen:

Als erste Form psychischer Unruhe wäre die *Langeweile* zu nennen. Langeweile ist lästig, aber man leidet in den meisten Fällen nicht so sehr darunter, dass eine Krise ausgelöst wird. Langeweile stellt deshalb eine relativ milde Störungsform dar.

In der *Unzufriedenheit* kann man eine Steigerung des Unruhezustandes sehen. Unzufriedenheit ist nicht nur lästig, sie kann quälend sein, sie macht, je nach dem individuellen Reaktionsmuster, aggressiv oder depressiv und kann unter Umständen kleinere oder mittlere Krisen auslösen.

Einschneidende *Ereignisse* oder *Krankheiten* bescheren der Psyche wesentlich massivere, oft von heftigem Krisenerleben begleitete Formen der Unruhe. Diese Störungen zu bewältigen erfordert viel Zeit und Mühe.

An der Spitze der möglichen Unruheformen steht wahrscheinlich die Krise, die das *Sterben* auslöst.

Lassen Sie mich im Folgenden diese verschiedenen Formen der psychischen Unruhe und die damit verbundenen Übergangszeiten betrachten und anhand praktischer Beispiele beschreiben, wie solche Situationen von Menschen bewältigt werden können. Die Menschen aus den Beispielen sind mir vorwiegend in meiner Beratung begegnet.

Nachdem nunmehr die Begriffe Scheitern, Sinn, Identität und Bewältigung erläutert sind, wollen wir uns in die »Niederungen« der Praxis begeben. Angesichts der in diesem Abschnitt beschriebenen, teilweise einschneidenden Krisen wie Unfälle, Krankheiten oder sogar Sterbeprozesse, fällt es mitunter schwer, deren Bewältigung auf relativ nüchterne Weise zu schildern und in das Schema der Krisenbewältigung einzuordnen. Dennoch komme ich nicht darum herum.

Die Störung Langeweile lässt sich als Konflikt zwischen erzwungenen und ersehnten Verhaltensweisen beschreiben.

LANGEWEILE BEWÄLTIGEN

Der Mensch funktioniert, denkt, fühlt, handelt in einer gewohnten Weise, solange dieses Verhalten funktioniert. Seine Psyche orientiert sich an ihren eigenen Strukturen, und deshalb hat der Mensch Probleme, die Bedeutung von Umweltveränderungen zu erkennen, selbst dann, wenn es sich um Veränderungen der eigenen Gefühlswelt handelt.

Das trifft in besonderem Maß für schleichend eintretende Veränderungen zu. Schleichende Veränderungen versorgen ein Bewusstsein nur langsam mit Störungen, die ebenso langsam wahrgenommen werden. Irgendwann merkt man dann irgendwie, dass irgendwas nicht stimmt.

BEISPIEL: VON DER BEAMTIN ZUR KÜNSTLERIN

So ergeht es einer 36-jährigen Frau, die auf Empfehlung ihres Arztes in die Beratung kommt. Auf die Frage, was ihr Problem sei, antwortet sie nur zögerlich. Eigentlich habe sie gar kein richtiges Problem, meint sie.

Sie führe ein geordnetes Leben und arbeite seit 18 Jahren in der Verwaltung eines Unternehmens. Sie habe eine schöne Wohnung und einen liebevollen Mann, mit dem sie einmal jährlich gemeinsam an die Ostsee fährt. Scherzhaft fügt sie hinzu, im Gunde sei sie eine Beamtin geworden.

Mit anderen Worten, alles sei eigentlich bestens. In letzter Zeit habe sie allerdings Schwierigkeiten, in die Gänge zu kommen. Deshalb habe sie sich vom Arzt Vitaminpräparate verschreiben lassen, die aber nicht halfen, ebenso wenig wie das in Angriff genommene Fitnesstraining.

Diese Frau steht vor einer der vier Bewältigungsstufen, die ich weiter vorne beschrieben habe. Jede dieser Stufen kann man sich als eine Art Hindernis vorstellen, dessen Überschreiten mit kleinen oder größeren Hemmnissen verbunden ist.

Störung zugeben. Die Frau steht vor der ersten Stufe der Störungsbewältigung: Sie hat Schwierigkeiten, ihr Problem wahrzunehmen und vor sich selbst zuzugeben. Sie realisiert ihr Problem erst am Rande und betont, »eigentlich« kein »richtiges« Problem zu haben. Das Einzige, wodurch sie sich gestört fühlt, ist eine zunehmende Antriebslosigkeit. Erst im Laufe einiger Gespräche beschreibt sie weitere Seltsamkeiten. Ab und zu würde sie unvermittelt und unmotiviert weinen, ihre schon länger bestehende Schlaflosigkeit nähme zu, morgens fiele es ihr zunehmend schwer, aus dem Bett zu kommen. Vielleicht, erkennt sie schließlich, sei doch nicht alles so gut, wie sie bislang geglaubt habe.

Damit hat die Frau die erste Hürde der Bewältigung zumindest teilweise genommen: Sie hat zugegeben, von etwas gestört zu sein und »ein wenig« zu leiden. Zuzugeben, dass man leidet, dass man ein Problem hat, scheint unter den heutigen sozialen Bedingungen, dem grassierenden Gesundheits-, Machbarkeits- und Jugendwahn, generell schwieriger zu werden. Dabei hat derjenige das größere Problem, der ein Problem damit hat, es zuzugeben.

Einen Sinn finden. Nachdem der erste Schritt getan ist, geht es nun darum, die zweite Stufe der Bewältigung zu erklimmen und einen Sinn in den Störungen zu finden. Ein Sinn der Entwicklung kann sich beispielsweise aus der Antwort auf die Frage ergeben: »Wem passiert das?« Diese Frage zielt auf die Identität ab, die gestört wird. Versuchen wir, diese Frage zu beantworten.

Die Frau hat ihr Leben als auf Sicherheit und Absehbarkeit ausgerichtet beschrieben. Diese Merkmale bestimmten ihre Berufswahl vor 18 Jahren, ihnen ist sie seither treu geblieben. Dieses durch und durch geordnete Leben gerät nun ein wenig durcheinander. Die Frau berichtet, wenn sie die Lustlosigkeit überkomme, könne sie glatt im Bett liegen bleiben. Kürzlich sei sie mitten in der Nacht aufgestanden und habe Musik angemacht, weil sie nicht einschlafen konnte. So etwas ginge nicht, fügt sie hinzu, sie müsse morgens doch fit für die Arbeit sein. Dann wandert ihr Blick aus dem Fenster und verschwindet in der Ferne.

Die beschriebenen Störungen sabotieren das ordentliche, absehbare, sichere Leben der Frau auf effektive Weise. Sie legen der »Beamtin« Steine in den Weg und bringen das Thema »Lust« in seiner negierten Form als »Lustlosigkeit« aufs Tapet. Die Frau scheint tatsächlich ihre Lust verloren zu haben. Wo ist die Lust? Einfach aus den Augen geraten. Beamte achten nicht so sehr auf Lust.

Damit ist die Frage »Wem passiert das?« beantwortet. Die Störungen stoßen der Beamtin zu. Weil die Frau die Störungen als zu sich gehörend betrachtet und von »meiner Antriebslosigkeit« spricht, kann man davon ausgehen, dass sie aus der *eigenen* Umwelt, aus ihrer nicht beachteten Gefühlswelt, stammen. Ich frage die Frau, ob ein Sinn darin verborgen sein könnte, die Beamtin zu stören. Die Frau denkt nach und nickt, wendet dann aber ein, dass sie keine Möglichkeit sähe, ihr Leben zu verändern.

Identitätswandel. Ich stimme dem zu und erkläre, ihr Leben sei »gelaufen«. Sie sei zwar erst 36 Jahre alt, könne aber kaum damit rechnen, dass sich in Zukunft viel ändern würde. Ihren Arbeitsplatz wolle sie sicherlich nicht aufgeben, ihren Mann nicht verlassen und ihren Urlaub weiter an der Ostsee verbringen. Allerdings würde sich mir die Frage stellen, ob sie, wenn sie nach ihrem Ableben ein zweites Leben erhalten würde, dieses in gleicher Weise führen würde.

Überraschend schnell antwortet die Frau mit einem klaren Nein. In einem nächsten Leben würde sie gleich ihren Traumberuf als Künstlerin ergreifen. Angestellte sei sie nur aus Vernunftgründen geworden. Hier deutet sich eine veränderte Selbstvorstellung an. Die Frau spricht in der Vorstellung von sich als »Künstlerin«. Ich fordere sie nun auf, dieses nächste Leben eingehender zu schildern, was sie bereitwillig tut. Die »Künstlerin« zeigt sich als kontaktfreudige Frau, die nächtelang aufbleibt und ein interessantes Leben führt. Das Beste an diesem Leben ist die Abwechslung. Ständig passiert etwas Neues. Dieses Leben sei bunt, betont sie.

Vergleicht man die Gegenwart der Frau mit ihrer Zukunftsvorstellung, wird der Identitätswechsel deutlich. Aus der grauen Beamtin ist die bunte Künstlerin geworden. Das fällt auch der Frau auf. Sie zieht nun die Möglichkeit in Betracht, dass der Sinn ihrer Antriebslähmungen darin liegen könnte, die Beamtin zu deaktivieren. Im Grunde finde sie die Idee, nachts Musik zu hören, gar nicht so abwegig. Diese Beamtin, sagt sie, führe ein eintöniges, langweiliges Leben, das auf die Dauer kaum auszuhalten sei.

Verhaltensänderung. Nachdem die Störung nunmehr einen Sinn zugewiesen bekommen hat– die Frau begreift ihre Symptome jetzt als Aufforderung, weniger normal und etwas verrückter zu leben –, verändert sich die Selbstvorstellung. Die Frau denkt und spricht über sich auf eine veränderte Weise. In den folgenden Monaten verändert sich auch ihr Verhalten allmählich. Wenn sie von Lustlosigkeit geplagt wird, fragt sie sich, ob sie gerade Langeweile erlebt und forscht nach, was ihr jetzt Spaß machen würde, und damit kehrt allmählich mehr Lust in ihr Leben ein.

Sie fragt sich beispielsweise, wohin sie in Urlaub fahren möchte. Allerdings kommt es darauf an, »als wer« sie diese Entscheidung trifft.

Wer entscheidet, wohin der nächste Urlaub geht? Die Beamtin oder die Künstlerin? Die Beamtin wird weiterhin zur Ostsee fahren, weil da alles so vertraut ist, aber die Künstlerin wird den Urlaub im Ausland verbringen, wo es bunter und lebendiger ist.

Es kommt für die Frau also darauf an, ihren neuen Namen zu benutzen und Entscheidungen aus der dazugehörenden Identität heraus zu treffen. Auslöser hierfür sind nach wie vor die Langeweile und deren Symptome.

DER KERN DER LANGEWEILE

Wie in diesem Fall entsteht Langeweile fast immer dann, wenn man gezwungen wird, in bestimmten Verhaltensweisen zu verharren und andere Möglichkeiten auszuschließen. Im Zustand der Langeweile wollen Menschen etwas anderes tun, als das, was sie tun und von dem sie glauben, es tun zu müssen. Sie fühlen sich eingesperrt und verlieren die Lust.

Somit lässt sich die Störung Langeweile als Konflikt zwischen erzwungenem und ersehntem Verhalten beschreiben.

Die Impulse, die auf Abwechslung und Lebendigkeit drängen, liegen außerhalb des Bewusstseins, im *eigenen* Unbewussten, von wo aus sie Störungen der Normalität verursachen.

Der Weg aus der Langeweile führt nun über die Entdeckung dessen, was man sonst noch gern tun würde, am liebsten täte oder eigentlich tun will, zur Entdeckung, wer man »auch noch« ist.

Unzufriedenheit sucht die Zerstörung einer Ordnung.

UNZUFRIEDENHEIT BEWÄLTIGEN

Unzufriedenheit, ein ebenfalls häufig auftretender Störungszustand, lässt sich, wie schon angedeutet, als eine Steigerung der Langeweile verstehen.

Wie der Begriff es sagt, ist bei Unzufriedenheit der Frieden gestört, der Frieden des Bewusstseins. Der Unterschied zur Langeweile besteht in der gesteigerten Unruhe der Psyche. Was einem den Frieden nimmt und welcher Sinn sich hinter dem Vorgang verbergen mag, ist dem von Unzufriedenheit Befallenen nicht bewusst. Er kann nicht beschreiben, was ihn zufrieden machen würde, bestenfalls vermag er zu sagen, womit er unzufrieden ist.

BEISPIEL 1: DER MANN OHNE KRISEN

Greifen wir das Beispiel vom »Mann ohne Krisen« vom Anfang des Buches auf. Der Mann ist offensichtlich unzufrieden. Er beschreibt sein Leben als leblos und berechenbar, ein Tag sähe wie der andere aus, nichts würde ihn überraschen, nichts wirklich freuen. Der Mann ist nicht mit einer abgegrenzten Situation, sondern rundweg mit seinem »ganzen« Leben unzufrieden.

Die Störung zugeben. Wie es beim Thema Unzufriedenheit typisch ist, kann er zwar beschreiben, dass er irgendetwas Überraschendes, Lebendiges und Freudiges vermisst, weiß aber weder, worin das bestehen noch wie er es finden könnte. Seinen Versuch, die Unzufriedenheit wegzuplanen, wobei ihn die Beratung ursprünglich unterstützen sollte, gibt er im ersten Gespräch auf. Daraufhin wird er traurig und gesteht sich ein Scheitern ein. Damit ist die erste Stufe der Bewältigung genommen. Wie geht es nun weiter?

Einen Sinn finden. Seine Traurigkeit hält nicht lange an. Beim nächsten Gesprächstermin berichtet er von zunehmender Gereiztheit. Wenn er sich zu Hause umschaue, würde Ärger in ihm aufsteigen, den er jedoch zurückhalte, aus Furcht, etwas zu zerstören. Mit seiner Frau habe er sich mehrmals gestritten, ohne im Nachhinein sagen zu können, worum es eigentlich ging. Er sei durch und durch unzufrieden. Es ist offensichtlich, dass die Störungen zunehmen und damit die Unruhe der Psyche wächst. Welcher Sinn mag sich in seiner Gereiztheit und dem Unfrieden verbergen?

Ich schlage ihm vor, diesem Ärger keinesfalls in der Realität, aber in der Fantasie freien Lauf zu lassen. Nach einigem Zögern entwickelt der Mann eine zerstörerische Fantasie. Er schaut sich in seinem Haus um, dabei fällt sein Blick auf die zahlreichen Antiquitäten, die er im Laufe der Jahre sammelte. Nun stürzt er sich ärgerlich darauf, reißt Bilder von den Wänden, zerschlägt die chinesische Vase im Flur und wirft Schränke vor die Tür. Nach und nach räumt er sein Haus fast leer. Der Glastisch zersplittert auf dem Pflaster. Der Fernseher implodiert unter einem Fußtritt. Mit dem großen Küchenmesser zerkratzt er die blinkende Oberfläche der Edelstahlküche. Alles Zeug, alles bloß Ballast, schimpft er dabei. Dann lacht er seine Frau aus, die seinem Treiben entsetzt zuschaut. Das hättest du nicht von mir gedacht, ruft er ihr hämisch zu.

»So etwas«, unterbricht er die Fantasie nach einigen Minuten irritiert, »würde ich doch nie tun.« »Gott sei Dank«, stimme ich ihm zu. »Doch nehmen wir einmal an, Sie hätten das tatsächlich getan und Ihr Haus auf diese radikale Weise von dem Zeug befreit. Was wäre gut daran, wenn irgendetwas daran gut wäre?« Der Mann überlegt einen Moment. »Dass ich mich um den ganzen Kram nicht mehr kümmere. Dass ich nichts mehr pflege, nichts mehr sammle. Dass ich den ganzen Mist los bin.«

Hier deutet sich ein Sinn der Unzufriedenheit und der mit ihr verbundenen Aggressivität an: etwas Lästiges loswerden. Diesen Sinn kann der Mann akzeptieren, weil es sich gut anfühlt auszumisten. Als Nächstes frage ich ihn, worum er sich denn kümmern würde, wenn er sich um das Zeug nicht mehr kümmern müsse?

Identitätswandel. Mit dieser Frage befasst sich der Mann in den folgenden Wochen. Er berichtet, da er Freudiges und Überraschendes zu Hause nicht finde, habe er sich darangemacht herauszufinden, wie und wo er Lebendiges und Freudiges erlebe und was ihn überrasche. Im Laufe seiner Erkundungen habe er Freude daran bekommen, planlos durch die Gegend zu bummeln, in der Sonne vom Stuhl eines Straßencafés aus dem Treiben der Stadt zuzuschauen, sich selbst im Strom treiben zu lassen, einen guten Wein zu genießen, der in Gesellschaft noch besser schmecke, Kontakt zu Fremden aufzunehmen, Geld für unnütze aber angenehme Dinge auszugeben und andere Belanglosigkeiten mehr.

In diesem Verhalten deutet sich eine veränderte Identität an. Der Mann beschreibt sich nicht als »Planer«, sondern als »Sucher«.

Zu einem Schlüsselerlebnis wird der Augenblick, in dem ihm auffällt, dass das alles »Kleinigkeiten« sind. »Erstaunlich«, stellt er fasziniert fest, »da ist nichts Großes dabei.« Anschließend schweigt er, wie um die Bedeutung dieser Einsicht zu verdauen. Dann fasst er zusammen. »Dieses geplante Leben, das war nicht mehr wirklich ich. Das große Auto, die Antiquitäten, das ganze Statuszeug, das war mir lästig geworden. Ich, das ist jetzt etwas anderes. Das ist einfach der Mensch.«

Damit wird der Identitätswechsel noch deutlicher. Aus dem Planer wird ein Sucher, aus dem Zielstrebigen ein Bummler, aus dem Sammler ein Genießer, aus dem Statusmensch ein Mensch. All das fasst er in einem neuen Namen zusammen: Ich, der Mensch.

Verhaltensänderung. Dieser »Mensch« weiß ganz genau, was zu tun ist. Er weiß, was Lebendigkeit bedeutet, was Freude bereitet und worauf es in seiner gegenwärtigen Lebensphase ankommt. Je öfter der Mann nun seinen neuen Namen benutzt und aus dieser Identität heraus Entscheidungen trifft, desto zufriedener wird er seine »Restlebenszeit« verbringen.

DER KERN DER UNZUFRIEDENHEIT

Die Unruhe ist aus der Psyche des Mannes verschwunden und Zufriedenheit eingekehrt, weil eine Identitäts- und damit verbunden eine Verhaltensänderung eingetreten ist. Die erforderliche Identitätsänderung ist bei der Unzufriedenheit jedoch umfassender als bei der Langeweile. Meist muss etwas »weg«, bevor etwas Neues sichtbar werden kann. Zufriedenheit zu erreichen erfordert, eine alte Ordnung zu zerstören, selbst wenn die neue Ordnung nicht sofort sichtbar wird.

Die Aggression des unzufriedenen Menschen, die sagen

kann: »Das nicht!«, dient dazu, die alte Ordnung zu demolieren. Im obigen Beispiel zeigt sich das. Um den »Menschen« zu entdecken, musste das Haus (als Symbol der alten psychischen Ordnung) entrümpelt werden.

Ist die alte Ordnung demontiert, was natürlich nicht vollständig geschieht, aber dennoch in einem bis dahin nicht gekannten Ausmaß, bleibt erst einmal Leere übrig. Jene Leere, die der Mann mit einem durchgeplanten Leben zu vermeiden suchte. Diese Leere bietet einen Aufmerksamkeitsraum, in dem eine neue Ordnung ansatzweise wahrgenommen und nach und nach aufgebaut werden kann.

BEISPIEL 2: EINE ENTTÄUSCHTE FRAU

Nicht immer sind Menschen mit ihrem gesamten Leben unzufrieden, wie das im letzten Beispiel der Fall war. Unzufriedenheit kann sich auch auf einzelne Lebensbereiche beziehen, wie im Beispiel einer 42-jährigen Frau.

Die Störung zugeben. Diese Frau beschreibt ihr Leben als im Großen und Ganzen zufrieden stellend. Dennoch nage etwas an ihr. Sie laufe ständig mit dem Gefühl herum, irgendetwas müsse passieren, könne aber nicht erkennen, was das sein sollte. Sie ertappe sich in letzter Zeit öfter dabei, bei einem Telefonanruf spontan zu denken: »Das ist er jetzt, der Anruf der Lottogesellschaft!« Sie müsse dann zwar über sich selbst lachen, empfinde aber dennoch ärgerliche Enttäuschung darüber, dass niemand ihr sagt: »Setzen Sie sich erst einmal hin. Sie haben fünf Millionen gewonnen!«

Ich greife die Fantasie vom Lottogewinn auf und frage sie, was sie mit dem vielen Geld tun würde. Das ist ihr mit einem Schlag klar. Nicht umziehen, nicht um die Welt fahren, nicht unnützes Zeug kaufen. Das Erste, was ihr einfällt, ist: »Kündigen!« Keine Minute länger bliebe sie in der Firma. Sie sei mit ihrem Job unzufrieden, und das schon lange.

Nun hat die Frau die erste Stufe der Bewältigung genommen. Sie gibt zu, etwas »nage« an ihr, und darüber hinaus gesteht sie, mit ihrer Arbeit unzufrieden zu sein. Der Ausdruck »nagen« weist übrigens sehr plastisch auf die Störung des Bewusstseinszustandes hin. Die Umwelt, in diesem Fall ein unbewusstes Gefühl, nagt am Bewusstsein.

Einen Sinn finden. In der Schilderung wird auch die Grundkonstellation deutlich, mit der Unzufriedene konfrontiert sind. Sie wissen, was sie nicht wollen, ohne sagen zu können, was sie wollen.

Als Nächstes frage ich die Frau, als wer sie in der Arbeit denn erscheine, als »Unzufriedene« oder als »Zufriedene«. Dort spiele sie die Zufriedene. Sie könne aber keinen Aufstand wagen, die Firma suche sowieso nach Möglichkeiten, einige Leute loszuwerden. Hier deutet sich der zerstörerische Aspekt der Unzufriedenheit an. Wenn sie viel Geld hätte, würde die Frau einen Aufstand wagen.

Ich stimme ihr zu, ein Aufstand wäre sicherlich zu riskant, will aber dennoch wissen, was das Ziel eines Aufstandes wäre. Die Frau überlegt eine Weile. Sie würde sich mit der Geschäftsleitung anlegen und Einfluss auf die Arbeitsverteilung nehmen. Dann könnte sie sich eine bessere Arbeit zuschanzen. Sie arbeite als Grafikerin und würde vorwiegend mit kleinen Jobs abgespeist. Allerdings würden ihre Anregungen gern von Kollegen aufgegriffen und später als eigene Ideen hingestellt. Dieser Ideenklau mache sie zutiefst unzufrieden.

Der Sinn von Lottofantasie und innerer Rebellion ist damit klar. Es geht darum, aus einer empfundenen Hilflosigkeit befreit zu werden, Unabhängigkeit zu gewinnen und eine

Machtposition zu erringen. Ziel von Aufständen ist immer die Zerstörung von Machtstrukturen.

Leider, bemerke ich, arbeite in ihrer Firma kein Robin Hood, der für sie kämpfen könnte. Die Frau antwortet grimmig, dann müsse sie es eben selbst tun und fügt hinzu: »Ich bin anscheinend viel unzufriedener, als ich dachte. Ich muss etwas tun.«

Identitätswandel. So weit ist der Störung »etwas nagt an mir« ein Sinn zugewiesen und eine neue Identität hat sich angedeutet: die einer Rebellin.

Diese Rebellin gilt es nun besser kennen zu lernen. Die Frau beschreibt sie folgendermaßen: Auf ihrer Fahne stünde die Losung »Für mich!« geschrieben. Diese Person kenne keine Selbstzweifel, sondern sei von ihren Fähigkeiten überzeugt, halte sich nicht zurück, sondern äußere ihre Vorstellungen, ließe sich nichts wegnehmen, sondern reklamiere Leistungen für sich. Sie sei eine Kämpferin.

Im Laufe der folgenden Erkundungen, durch die auch Vorbehalte gegen diese Rebellin deutlich werden, wandelt sich der Name der Rebellin in »die Eigensinnige«. Als Rebellin könne sie in der Firma nicht auftreten, aber als Eigensinnige, meint die Frau, könne sie sich zeigen. Damit ist im beruflichen Umfeld ein neuer Name gefunden.

Verhaltensänderung. Die Eigensinnige tut schließlich etwas Riskantes. Sie fordert von ihrem Chef einen neuen Arbeitsbereich mit höherer Verantwortung. Der Chef geht darauf zwar nicht ein, gesteht ihr jedoch die Leitung einiger Projekte zu, mit der Aussicht, bei Erfolg den gewünschten Arbeitsbereich zu erhalten. Die Frau geht zuversichtlich an die Aufgabe heran und gibt sich ein Jahr Zeit, wieder Spaß an ihrer Arbeit zu entwickeln. Sie findet das Ganze jetzt »ziemlich spannend«.

AUF DÜNNEM EIS WANDELN

Störungen, auch wenn es sich »bloß« um Langeweile oder Unzufriedenheit handelt, das zeigen die Beispiele, lassen sich nicht auf einfachem und direktem Wege bewältigen. Bis ein Problem zugegeben und akzeptiert, ein Sinn in der Störung gefunden und eine neue Identität ausreichend deutlich geworden ist, um sich dementsprechend verhalten zu können, vergeht ein längerer Zeitraum. Dieser Prozess wird auch nicht einfach durchschritten, sondern durchaus auch durchlitten.

Identitätswechsel ist mit vielen Unsicherheiten, Bedenken, Befürchtungen und Ängsten verbunden. Identitätswechsel ist wie eine Wanderung auf dünnem Eis, von dem man nie sicher sein kann, ob es tragen wird.

BEISPIEL 3: EINE SELBSTLOSE FRAU

Das wird auch im nächsten Beispiel deutlich. Eine 38-jährige Frau ist als Agentin sehr erfolgreich im Kunstbereich tätig. Durch ihre engagierte Arbeitsweise verhilft sie einem Maler zum Durchbruch. Je mehr Erfolg sie ihm verschafft, von dem sie finanziell erheblich profitiert, desto unzufriedener wird sie allerdings. Irgendetwas gefällt ihr nicht, sie ist sich jedoch nicht klar darüber, was es ist. Schließlich kommt sie zu dem Schluss, diese Arbeit täte ihr nicht gut und verlängert ihren Vertrag mit dem Künstler nicht.

Die Störung zugeben. Damit hat sich die Frau ein Problem eingestanden und die erste Stufe der Bewältigung genommen. Auch ohne benennen zu können, womit sie unzufrieden ist, respektiert sie dieses Gefühl, weil es so stark ausgeprägt ist. In der Folgezeit lebt sie zurückgezogener. Keine Vernissagen, keine Pressetermine – und keinen Kontakt mit dem Künstler.

Einen Sinn finden. Durch den Abstand zu dem Künstler wird ihr schließlich der Grund ihrer Unzufriedenheit klar. Sie sei enttäuscht, dass zwischen ihr und dem Mann keine Freundschaft entstanden wäre. Alles sei nur Business und Funktion. So wolle sie nicht arbeiten, zumindest nicht derart engagiert, wie sie es die letzten drei Jahre getan habe. Sie brauche jetzt Abstand, eine Auszeit vom Job, um sich zu sortieren.

Nachdem sie ihr Lebenstempo durch die Kündigung des Vertrages von Hundert auf fast null gebremst hat, versinkt die Frau erst mal in einem Loch. Sie hängt rum, liegt lange im Bett, lässt sich auf ein paar Affären mit Männern ein, die aber ebenfalls nicht zufrieden stellend verlaufen. Es geht ihr nicht gut, aber sie macht dennoch einige wichtige Entdeckungen.

Aufgefallen sei ihr, dass sie zuerst immer als starke und selbstlose Frau auftrete und viel für die Männer tue. Wenn sie nach einer Weile aber selbst Bedürfnisse zeige, zögen sich die Männer zurück. So laufe das in ihren Affären, und so sei es mit dem Maler gelaufen. Darauf, immer nur stark zu sein und sich Zuneigung zu verdienen, indem sie für andere etwas tue, habe sie nun gar keine Lust mehr. Lieber wolle sie sich selbst aushalten. Sie sei jetzt viel allein, weine öfter und könne manchmal nicht viel mit sich anfangen, entdecke aber Gefühle in sich, die ihr bislang unbekannt gewesen seien.

Identitätswandel. Hier zeigt sich der Sinn des Rückzuges und der Identitätswechsel, der bereits in vollem Gange ist. Die Frau verwandelt sich von einer »Selbstlosen« in eine »Spürende«. Die Frau nimmt sich nun eine Wohnung auf dem Lande, was den Kontakt zu Freunden erschwert und ihren Rückzug noch verstärkt. Nach einem weiteren halben Jahr ist sie aus dem Loch heraus.

Verhaltensänderung. Sie berichtet, sie verstehe sich jetzt sehr viel besser und sei bereit, ihren Beruf wieder aufzunehmen. Allerdings sei ihr klar geworden, dass sie eine professionellere Haltung einnehmen müsse und private nicht mit beruflichen Erwartungen vermischen dürfe. Aus der selbstlosen ist eine abgegrenzte Frau geworden.

HILFREICHES LEIDEN

Die Frau sagt, in der langen Zeit der Besinnung sei es ihr nicht gut gegangen. Diese Zeit wäre schwer und intensiv zugleich gewesen. Dann formuliert sie eine wesentliche Erkenntnis: »Es muss einem ja mal gesagt werden, dass Leiden so hilfreich sein kann.«

Diese Bemerkung, nach fast einem Jahr zum Teil tief empfundenen psychischen Leids getan, ist in der Tat bemerkenswert. Das Leiden hat einen Wert, auch wenn in unserer an oberflächlichem Erfolg orientierten Gesellschaft diese Erkenntnis unterzugehen droht.

Man kann sich den Wert des Leidens erklären, indem man sich fragt: »Wer leidet?« Dann stellt sich heraus, dass die alte Identität leidet und sich gegen ihre Verwandlung wehrt. Die selbstlose Frau litt, weil sie nicht bekam, wonach sie sich sehnte. Die abgegrenzte Frau leidet unter den gleichen Umständen nicht.

Bemerkenswert an diesem Beispiel ist, dass die Frau anscheinend über ein Gespür für den Sinn ihres Leides verfügte, dem sie folgte, indem sie sich immer weiter zurückzog. Bereit dazu war sie aufgrund einer großen Portion Unzufriedenheit.

Leid hilft bei Veränderung. Wer diesen Wert des Leidens erkennt, dem mag es zukünftig leichter fallen, durch schwierige Phasen zu gehen und darin einen Sinn zu vermuten, selbst wenn sich dieser Sinn nicht sogleich offenbart und sich das Leid nicht sofort auflöst.

Bewältigung heißt, im Unvorstellbaren Sinn zu entdecken.

UNERWARTETE EREIGNISSE BEWÄLTIGEN

In den vorhergehenden Beispielen zu Langeweile und Unzufriedenheit werden die Störungen, welche einen Identitätswandel erforderlich machen, der *eigenen* Umwelt zugerechnet, stammen also aus der eigenen Gefühlswelt. Solche Störungen treten in vielen Fällen schleichend auf. Anders verhält es sich oft mit Störungen, die nicht der eigenen Psyche zugerechnet werden, sondern die aus der *anderen* Umwelt stammen. Diese können schlagartig ins Bewusstsein gelangen.

Es ist etwas anderes, ob man allmählich von eigenen Sehnsüchten getrieben oder schlagartig durch einen Unfall beeinträchtigt wird. Bei durch äußere Ereignisse verursachten Störungen gestaltet sich die Realisierung dramatischer und auch die Sinnfindung wird schwieriger.

WER GEHT UNTER – WER KOMMT WEITER?

Es kann dann angebracht sein, die bei der Bewältigung von Langeweile und Unzufriedenheit hilfreichen Fragen »Wem passiert es« und »Wer werde ich« in die Formulierungen »Wer geht im Ereignis unter« und »Wer kommt weiter« zu verdichten.

Wenn jemand in einem Unfall ein Bein, ein Auge oder

sonst irgendwie seine Gesundheit verliert, zerbricht mit einem Schlag eine Identität. In solchen Situationen geht der »Gesunde« unter und der »Kranke« oder der »Versehrte« entstehen. Die Selbstvorstellung passt sich diesem Wandel selbstverständlich nicht schlagartig an. Zu realisieren, was passiert ist, die Auswirkungen des Geschehens auf Körper und Psyche zu begreifen und sich in der neuen Lage zurechtzufinden sind überaus schwierige Prozesse. Die Bewältigungsfrage »Wer kommt weiter« ist daher nicht sofort und nicht theoretisch, sondern nur allmählich und praktisch zu beantworten, auch in dem Maße, in dem begriffen wird, wer in dem Ereignis unterging.

Auch hierzu möchte ich einige Beispiele liefern und deren Bewältigung anhand des vierstufigen Schemas erläutern.

BEISPIEL 1: EIN EXTREMSPORTLER

Ein junger Mann, ein begeisterter Snowboarder, stürzt auf einer besonders abschüssigen Piste über einen unter dem Schnee verborgenen Stein und zieht sich bei dem Unfall einen Stauchbruch zweier Rückenwirbel zu. Der Vorfall führt zu einer zeitweiligen Lähmung seiner Beine, und es bedarf wochenlanger intensiver Physiotherapie, bis er wieder gehen kann.

Nachdem der erste Schock überwunden ist und sich abzeichnet, dass der Mann mit viel Training wieder wird laufen können, nimmt er die Angelegenheit noch recht locker. Er geht davon aus, dass alles wieder ins Lot kommt und dass er sein Hobby bald wieder aufnehmen kann. Deshalb erscheint ihm die Distanz zu seiner Clique, die mit dem Klinikaufenthalt verbunden ist, als vorübergehend, und er denkt sich nichts dabei, als seine Freunde ihn im Laufe der Zeit seltener besuchen. Nach einigen Monaten kann er wieder normal gehen, aber gleichzeitig machen ihm die Ärzte unmissverständlich klar, dass seine Wirbelsäule den mit Extremsport verbundenen Belastungen zukünftig nicht mehr standhalten wird.

Die Störung zugeben. Diese Mitteilung wirkt wie ein zweiter Schock, diesmal ein psychischer. Jetzt erst setzt eine Realisierung der tatsächlichen Bedeutung des Unfalls ein, mit der die erste Hürde der Bewältigung auf schmerzhafte Weise überschritten wird. Dem jungen Mann wird klar, dass er zukünftig an den Sportreisen seiner Clique nicht mehr teilnehmen kann, und dass sich der Kontakt zu dieser Gruppe, die ihren Zusammenhalt im Sport und in Aktion findet, kaum aufrechterhalten lässt. Mit dieser Erkenntnis nimmt die eigentliche psychische Krise ihren Anfang. Der junge Mann beginnt, um die verlorenen körperlichen Fähigkeiten und die verlorenen sozialen Kontakte zu trauern. Früher, sagt er, sei er bedenkenlos jeden Abhang hinuntergeschossen, jetzt müsse er darauf achten, wie er sich bewege, sich setze, sich aufrichte. Früher hätte ihm sein Körper als Sportgerät gedient, heute müsse er sich auf seinen Körper einstellen. Früher hätte er Anerkennung durch Leistung und Teilhabe an Aktion gefunden, heute müsse er sich fragen, worin Freundschaft eigentlich bestünde.

Einen Sinn finden. Von seinen Aktivitäten und Zukunftsplänen auf abrupte Weise weggerissen, hat der junge Mann nun viel Zeit, sich mit sich selbst zu befassen. Ihm wird allmählich klar, dass er knapp an einem Leben im Rollstuhl vorbeigekommen ist. In der Klinik begegnen ihm etliche Menschen, die für immer auf einen Rollstuhl angewiesen sind, und er ist heilfroh, dass ihm dieses Schicksal erspart bleibt.

»Wahrscheinlich«, sagt er nach einiger Zeit, »war das ein Wink mit dem Zaunpfahl, eine letzte Warnung.« So gesehen, fügt er hinzu, hätte er dem Unfall auch viel zu verdanken.

Wahrscheinlich dürfe man nicht so gedankenlos mit seinem Körper umgehen, wie er es getan hatte. Diese Erkenntnisse leiten den Sinnfindungsprozess des Vorfalls ein. Der Vorfall ist nicht länger nur tragisch und negativ, sondern auch sinnvoll und positiv.

Identitätswandel. In der Folgezeit macht der junge Mann sich zunehmend Gedanken über das Leben im Allgemeinen und über sein Leben im Speziellen. Aus der Klinik entlassen, konzentriert er sich erstmals ganz auf sein Studium. Ein Jahr nach dem Unfall kann er sich zwar fast normal bewegen, hat die ursprüngliche Absicht, zu seinen damaligen Aktivitäten zurückzukehren, aber längst aufgegeben. Aus dem »Draufgänger« ist ein »Achtsamer« geworden und damit hat sich ein Identitätswandel vollzogen.

Verhaltensänderung. Der »Achtsame« verhält sich auch entsprechend. Er geht nicht unbedacht Risiken ein, sondern wägt die möglichen Folgen seines Verhaltens ab. Er geht nicht grob, sondern behutsam mit seinem Körper um, nimmt körperliche Unversehrtheit nicht als selbstverständlich, sondern als wertvoll wahr und ist nicht auf eine Clique und auf spektakuläre Aktionen, sondern auf seine Lebensplanung bezogen.

Damit sind die Fragen »Wer ist im Ereignis untergegangen?« und »Wer kommt weiter?« beantwortet. Untergegangen ist der »Draufgänger«, und dieser hat keine Chance, wieder aufzuerstehen, weil sein Verhalten dem »Achtsamen« völlig sinnlos erscheint. Den »Achtsamen« lässt der Kick, den der »Draufgänger« brauchte, kalt. Weiter kommt der »Achtsame«, der sich im Laufe des Bewältigungsprozesses herausgebildet hat. Die Bewältigung des brachialen Ereignisses, das aus der *anderen* Umwelt in die Psyche einbrach, ist damit weitgehend abgeschlossen.

URSACHENFORSCHUNG?

Bei der Bewältigung von Störungen ist es nicht einfach und auch nicht unbedingt sinnvoll, deren Ursächlichkeit auszumachen. In jedem Fall stammen Störungen aus dem Nichtwissen. Unklar kann dabei bleiben, ob sie aus der *eigenen* Umwelt oder aus der *anderen* Umwelt stammen. Oft sind äußere und innere Umstände untrennbar miteinander verwoben.

Hätte an dieser Stelle kein Stein unter dem Schnee gelegen, wäre der Unfall nicht passiert. Ebenso wäre dem Mann der Knochenbruch erspart geblieben, wenn er sich nicht wie ein Wahnsinniger steile Hänge hinabgestürzt hätte. Es ist wohl eine Frage der Perspektive. Der »Draufgänger« würde im Stein die Ursache des Ereignisses sehen, während der »Achtsame« das Hobby dafür verantwortlich machen würde.

Die Vorstellung jedoch, man könnte im Bereich des Nichtwissens Ursachen ausmachen, ist wenig sinnvoll, da bestenfalls Zusammenhänge sichtbar werden. Plötzliche, unvorhersehbare und überraschende Ereignisse geschehen nun mal, und niemand kann vorausblicken, welche Folgen sie zeitigen werden.

Deshalb kann sich ein Scheitern überall und jederzeit ereignen. Nur so viel ist klar: Zu irgendetwas muss ein Scheitern taugen, irgendein Sinn muss aus ihm gewonnen werden, sonst wird seine Bewältigung kaum möglich sein.

BEISPIEL 2: DAS GROSSE GELD

Gehen wir im nächsten Beispiel an die Börse. Dieser Ort wurde anscheinend zu dem Zweck konstruiert, um Millionen Menschen ein Scheitern zu ermöglichen. So ergeht es jedenfalls einer allein stehenden Frau Anfang fünfzig, die ob ihres ziemlich unspektakulär verlaufenen Arbeitslebens den großen Coup landen will.

»Jetzt mach ich ein großes Ding, dann setzte ich mich zur Ruhe« lautet ihr verwegener Entschluss. Auf diese Idee kommt sie, nachdem ein Bekannter im Rahmen des New-Economy-Wahns durch Börsenspekulationen zu einem Batzen Geld kam. Zu allem entschlossen nimmt sie einen Kredit von 100 000 Euro auf, verpfändet dazu ihr Haus und steigt ins Aktiengeschäft ein. Nach kurzer Zeit schon begnügt sie sich nicht mit Aktien, sondern betreibt Optionshandel via Internet.

Zuerst läuft alles gut. Sie schiebt im Minutentakt Tausende hin und her und verdient an manchen Tagen mehr als zuvor in einem Monat. Es geht rauf, es geht runter, aber nach einer Weile wendet sich das Blatt. Sie rutscht in den Keller. Ein Problembewusstsein gewinnt die Frau an diesem Punkt der Entwicklung nicht. Ihre Gier ist stärker als jede Vernunft.

Stattdessen ist sie davon überzeugt, ihre hohen Verluste wettmachen zu können, indem sie noch höhere Risiken eingeht. Dazu muss sie sich zusätzliches Geld borgen, diesmal sind es 50 000 Euro, die sie von der Familie erhält. Und tatsächlich geht es wieder bergauf, aber dann passiert ein unerwarteter, drastischer Börseneinbruch. Sie kommt zu spät in den Handel, innerhalb weniger Stunden sind ihre Optionen praktisch wertlos, und die Frau verliert alles. Am Ende bleiben ihr 100 000 Euro privater Schulden.

Die Störung zugeben. Jetzt ist die Krise da, und es bricht das blanke Entsetzen im Leben der Frau aus. Sie fragt sich voller Panik, was aus ihr werden soll. Die Altersvorsorge ist verschleudert, und die kleine Rente, die sie später zu erwarten hat, wird kaum ausreichen. Ihrer Familie gegenüber hat sie ein schlechtes Gewissen, weil sie nicht weiß, wie sie ihre

Schulden zurückzahlen soll. Sie schläft schlecht und kommt innerlich kaum zur Ruhe.

Die Frau macht nun eine schwere Zeit durch, die von tiefgehenden Abschieden gekennzeichnet ist. Der Abschied vom Traum, mit einem Schlag reich zu werden und natürlich der Abschied vom Haus und der Vorstellung des abgesicherten Alters. Sie erlebt die Versteigerung, zieht aus, trennt sich von Möbeln, vom Garten. Es ist, sagt sie, als ob ich meine Vergangenheit verlöre.

Einen Sinn finden. Was ihr durch diese schwere Zeit hilft, sind ihre Freunde und die Familie. In zahlreichen Gesprächen realisiert sie, wie es zu den Ereignissen kommen konnte. Sicherlich, da war der Börsencrash. Aber der wichtigere Punkt war, dass sie versucht habe, Hai zu spielen, obwohl ihr die Zähne dafür fehlten. Sie sei im Grunde nicht der Typ für so etwas. Sie könne nun verstehen, welcher Teufel sie damals geritten habe, sie sei von der Angst vor einer ungewissen Zukunft besessen gewesen. Sie wisse auch gar nicht, wieso sie sich von dem Geld ein besseres Leben versprochen habe. Jetzt, nachdem sie alles verloren habe, werde ihr klar, dass es eigentlich auf etwas anderes ankomme als auf Geld.

Hier deutet sich eine Sinnfindung an. Die Frau befasst sich zunehmend damit, worauf es in ihrem Leben eigentlich ankommt und gelangt zu dem Schluss, dass ihre Freunde und ihre Familie, diejenigen, die in schweren Zeiten zu ihr halten, wichtiger sind als ein Haufen Geld. Das soziale Netz gibt ihr Rückhalt und Zuversicht. Ein Freund, der selbst eine Pleite hinter sich hat, hilft ihr besonders. Er nimmt seine Pleite mittlerweile völlig gelassen und reagiert nicht mit Bedauern, sondern mit Humor auf ihre Gewissensbisse und Ängste. Im Laufe der Monate kehrt Entspannung ein, und die Frau schöpft neues Vertrauen ins Leben.

Identitätswandel. Damit nimmt der zur Krisenbewältigung nötige Identitätswechsel Gestalt an. Aus einer »Gierig/Ängstlichen« ist eine »Vertrauende« geworden. Die »Gierig/Ängstliche« ging im Börsencrash unter, die »Vertrauende« kann weiterleben. Sie kann die Zukunft auf sich zukommen lassen, selbst wenn das bedeuten sollte, auf Sozialhilfe angewiesen zu sein, davon ist sie nun überzeugt.

Verhaltensänderung. Durch den sozialen Rückhalt verstärkt entstehen nun eine neue Zuversicht und ein neues Ziel. Die Frau geht weiterhin arbeiten, nimmt sich vor, ihre Schulden in kleinen Raten zurückzuzahlen und fügt hinzu, wenn ihr das nicht gelänge, würde auch niemand sterben.

Auch in diesem Beispiel lässt sich keine Ursache ausmachen. Es lässt sich nicht festlegen, ob der finanzielle Zusammenbruch aus der *eigenen* oder der *anderen* Umwelt stammt. Zwar brauchte es für dieses Scheitern einen gierigen Menschen, aber es brauchte auch den Börsencrash. Ohne diesen Crash hätte die Frau ihr Ziel womöglich erreicht.

Das Nichtwissen liefert unvorhersehbare Ereignisse, wobei sich gesellschaftliche Entwicklungen ebenso überraschend auswirken können wie Ereignisse im individuellen Einflussbereich. In den nächsten Beispielen taucht mit unerwarteter Arbeitslosigkeit eine solche gesellschaftliche Situation auf, von der zunehmend auch jüngere Menschen betroffen sind.

BEISPIEL 3: VON HUNDERT AUF NULL

Eine junge Frau von 34 Jahren wird im Rahmen einer Firmenfusion freigesetzt. Sie arbeitete in einer Werbeagentur und war an der Entwicklung von Konzepten für Werbekampagnen beteiligt.

Bis zu ihrer Kündigung bewegte sich die Frau in einer

schillernden Szene. Dort gehört es dazu, schicke Klamotten zu tragen, mit Projekten und Kontakten zu prahlen, 10 bis 14 Stunden täglich zu arbeiten, tausend Leute oberflächlich zu kennen, unter Termindruck und Konkurrenzdruck zu stehen, angesagt zu sein und schnell und effektiv zu arbeiten. Diese kritische Beschreibung ihrer Arbeitswelt stammt von der Frau selbst, allerdings aus einer Zeit nach der Krisenbewältigung.

Jetzt, unter dem Schock des Ereignisses, versucht sie erst einmal, die Störung quasi rückgängig zu machen und lässt sich von einem Management-Coach beraten. Dieser puscht sie auf und bringt sie dazu, sich bei anderen Firmen zu bewerben.

Die Frau versucht, diesen Anregungen zu folgen, bemerkt jedoch eine wachsende Abneigung gegen diese Art der »Unterstützung«, von der sie sich unverstanden fühlt. Der Coach hält ihr zahlreiche Möglichkeiten vor, in ihrer Branche zu arbeiten. Sie könne dies und das und jenes tun. Doch statt sie zu orientieren, verwirrt er sie nur. Aufgrund des Drucks, der von ihrem Coach ausgeht, und ihres wachsenden Widerstands dagegen wird ihr allmählich klar, dass sie gar nicht in ihren Job zurückwill. Sie bricht die Beratung bei ihrem Coach ab.

Die Störung zugeben. Die Frau beschreibt ihr Problem nun als eine Kränkung. Sie war vor Jahren auf einen rasenden Zug aufgesprungen und ist mit einem Stoß heruntergestoßen worden. Durch den Stoß (die Kündigung) und die harte Landung (in der Arbeitslosigkeit) fühlte sie sich gekränkt und verletzt und verbringt einige Wochen sehr niedergeschlagen.

Einen Sinn finden. Neben ihrer Traurigkeit erlebt sie nun – für sie unerwartet – auch viel Positives, von dem sie sagt, sie habe gar nicht bemerkt, dass sie es jahrelang vermisste. Sie habe viel Zeit, würde sich mit echten Freundinnen und Freunden treffen, könne bequeme statt schicke Sachen anziehen und viel über sich selbst nachdenken.

Nach einigen Monaten sagt sie: »Ohne die Kündigung wäre ich nicht zur Besinnung gekommen.« Hier zeigt sich die einsetzende Sinnfindung. Dem Ereignis Kündigung wird nun eine positive Bedeutung verliehen, es ermöglichte eine Besinnung auf sich selbst.

Identitätswandel. Die Frau beschreibt sich nun als jemand, der ein echtes Leben suche und mit dem damaligen Scheinleben nichts mehr zu schaffen habe. Aus der »Unechten« ist durch die Kündigung und die damit verbundene Verletzung eine »Echte« geworden. Diese legt auf andere Dinge wert: zum Beispiel Aufrichtigkeit, Freundschaft, Authentizität.

Verhaltensänderung. Die Frau verzichtet nun darauf, einen vergleichbaren Job zu suchen, jobbt einige Zeit in Projekten und wird schließlich als selbstständige Konzeptentwicklerin tätig. Sie spricht davon, ein neues Leben zu führen. Zwar müsse sie sich noch schick kleiden, aber nur, wenn sie Termine in Firmen habe. Ansonsten könne sie herumlaufen, wie es ihr passe. Sie stehe nicht mehr unter dem Druck, sich ständig produzieren und besonders toll erscheinen zu müssen. Selbst wenn ihr neues Leben, betont sie, bedeuten würde, als Kellnerin zu arbeiten, würde sie nicht als Angestellte in eine Werbefirma zurückkehren.

MODERNES SCHRECKGESPENST

Arbeitslosigkeit hat sich zum Schreckgespenst der Gegenwart entwickelt, zum scheinbar ausweglosen Schicksal in einer materiell orientierten Welt. Dabei eröffnet sie auch Chancen, die, wie immer, wenn es um Bewältigung geht, im Bewältigtwerdenmüssen schwieriger Situationen liegen.

BEISPIEL 4:
VOM INGENIEUR ZUM HALBEN KÜNSTLER

Arbeitslos wird auch ein 56-jähriger Ingenieur. Der Mann wird, obwohl seine Firma schon seit geraumer Zeit Personal reduziert, von der Kündigung überrascht. Dass es einen selbst träfe, meint er, damit rechne man doch nicht.

Die Störung zugeben. Im folgenden Jahr bewirbt er sich bei zahlreichen Firmen, realisiert aber dann, dass er in seinem fortgeschrittenen Alter wohl kaum noch einen Stelle finden wird. Damit liegt eine ungewisse Zukunft vor ihm. Finanzielle Einschränkungen stören ihn, aber noch störender empfindet er die mit seiner Arbeitslosigkeit verbundene Untätigkeit. Haus und Garten erfahren zwar eine nie gekannte Pflege, aber damit fühlt sich der Mann nicht ausgelastet.

»Ich brauche«, sagt er, »etwas Sinnvolles.« Damit hat der Mann sein Problem zugegeben. Es liegt darin, über keine als sinnvoll erachtete Tätigkeit zu verfügen. Mit dieser Einsicht in das Problem ist die erste Stufe der Bewältigung genommen.

Einen Sinn finden. Der Mann versucht zwar weiterhin, einen Job als Ingenieur zu finden, macht sich aber gleichzeitig auf die Suche nach beruflichen Alternativen. Er müsse sein Leben in die Hand nehmen, sagt er und entschließt sich, eine alte Truhe zu restaurieren, die seit ewigen Zeiten auf dem Dachboden steht, um sie anschließend zu verkaufen.

Mit dem Entschluss, sein »Leben in die Hand zu nehmen«, ist schon eine erste Sinngebung der Kündigung verbunden. Dieser Sinn liegt darin, selbst aktiv zu werden und etwas zu finden, das er als sinnvoll empfindet und das ihm Spaß macht.

Seine »Arbeit« als Restaurator, wie er seine Beschäftigung scherzhaft nennt, macht dem Mann Spaß, auch, weil er Neues dabei lernt. Statt sich weiter auf dem Arbeitsmarkt zu orientieren, ertappt er sich dabei, bei Freunden und Bekannten nach alten, renovierungsbedürftigen Stühlen und Tischen Ausschau zu halten.

Identitätswandel. Nach einem Jahr antwortet der Mann, von jemandem befragt, was er von Beruf sei, folgendermaßen: »Ich habe Ingenieur gelernt, bin aber jetzt eine Art Restaurator.« Diese Formulierung weist auf den Identitätswandel hin, der mittlerweile stattgefunden hat. Aus dem Ingenieur sei, so sagt er, ein »halber Künstler« geworden.

Verhaltensänderung. Einige Zeit später hat sich eine gewerbliche Nebentätigkeit entwickelt. Der Mann steigt tiefer in die Techniken des Restaurierens ein, kauft das eine oder andere Möbel und verkauft es restauriert mit Gewinn. Er könne, meint er, davon keine Familie ernähren, aber für sich und seine Frau reiche der Zusatzverdienst aus. Außerdem bereite es ihm Spaß. Schließlich eröffnet er eine kleine, offizielle Werkstatt.

Mit seiner Kündigung, berichtet er, sei er mittlerweile versöhnt. Er habe zwar nicht mehr so viel Geld, aber dafür mehr Muße. Außerdem sei es eine neue und interessante Erfahrung, durch die Gegend zu fahren und auf der Suche nach Möbeln fremde Menschen kennen zu lernen. Er hoffe, fügt er hinzu, dass er diese Arbeit auch dann noch ausüben könne, wenn er pensioniert sei.

Aber es habe sich noch mehr verändert, berichtet er. Um Geld zu sparen, habe er seinen Kamin aktiviert und fahre im Herbst in den Wald, um Holz einzuschlagen. Wenn er jetzt selbst geschlagene Scheite ins Feuer lege, sei dies etwas anderes, als einfach nur die Heizung aufzudrehen. Mit seinen

Händen zu arbeiten bereite ihm eine merkwürdige, beinah archaische Befriedigung. Außerdem habe er angefangen zu kochen, auch darin sei er mittlerweile ein »halber Künstler« geworden.

GRAUSAME EREIGNISSE BEWÄLTIGEN

Allgegenwärtig scheinen die Formen des Scheiterns zu sein, die auf Ereignissen wie Unfällen, Konkursen, Kündigungen und anderem Unerwartetem beruhen. Auch wenn wir so leben und es auch müssen, als könne uns etwas derartig Unerwartetes nicht treffen, geschieht es täglich. Bewältigung heißt dann, neue Möglichkeiten zu entdecken, die sich aus der veränderten Lebenssituation ergeben.

Wie aber soll man sich die Bewältigung weit einschneidender, grausamer Ereignisse vorstellen, wie sie beispielsweise mit Gewalt verbunden sind. Kann die Psyche auch solche Vorgänge verarbeiten und eine passende Identität einnehmen?

BEISPIEL 5:
VON DER VERWUNDETEN ZUR HEILERIN

Ein Beispiel hierfür liefert eine 45-jährige Frau, der die Verkettung etlicher grausamer Ereignisse im Laufe ihres Lebens schier unglaubliches Leiden beschert.

Bereits der Start ins Leben geht für die Frau gründlich daneben. Als ungewolltes Kind wird sie wenige Tage nach der Geburt von ihrer völlig überforderten und psychisch gestörten Mutter vor einer Kirchentür ausgesetzt. Die nächsten Jahre verbringt sie in einer Pflegefamilie, deren Atmosphäre von den ständigen Streitereien der Pflegeeltern belastet ist und in der sie regelmäßig Opfer jähzorniger Gewaltausbrüche des Pflegevaters wird. Sie läuft wiederholt weg und landet schließlich in einem Kinderheim, wo sie der Hausmeister über mehrere Jahre hinweg sexuell missbraucht. Im Alter von 15 Jahren flüchtet sie auch aus dem Heim und landet in der Prostitution. Dort wiederholen sich unfassbare Erfahrungen von Missbrauch und Gewalt.

Die Störung zugeben. Man muss sich fragen, wie die Frau dies alles ertragen hat. Die Kraft zum Ausstieg bekommt sie im Alter von 25 Jahren, als sich eine Kollegin vor ihren Augen aus dem Fenster ihrer Wohnung stürzt. In diesem Augenblick habe sie begriffen, so berichtet sie, ihr Leben ändern zu müssen.

Damit ist die Realisierung ihrer Lage – vom »Zugeben einer Störung« mag man angesichts der grausamen Ereignisse kaum sprechen – eingeleitet. Es steht jetzt fest: So kann es nicht weitergehen, sonst geht es nicht weiter!

Einen Sinn finden. Wenige Monate nach ihrem Ausstieg aus der Prostitution kommt sie (zufällig?) an der Kirche vorbei, vor deren Pforte sie damals ausgesetzt wurde. Sie setzt sich auf die Treppen und versinkt in einen merkwürdigen Zustand von Innerlichkeit. Von Schmerz und stillen Tränen bewegt, hat sie ein religiöses Erlebnis. Sie sagt, in dem Moment habe Gott zu ihr gesprochen und ihr bedeutet, er habe sie all das erleben lassen, damit sie den Menschen helfen könne. Ihre Prüfung sei nun beendet, sie solle aufstehen und ihr Leiden mit anderen Menschen teilen.

Die Frau ist tief berührt von diesem Erlebnis. Sie schöpft aus der sich abzeichnenden Möglichkeit, einen Sinn in den Ereignissen zu finden, neue Hoffnung. »Vielleicht ist das alles passiert«, meint sie, »um mich tief in die Seele der Menschen blicken zu lassen, dorthin, wo ich sie erreichen kann.« Sie betont, das Leiden anderer könne sie nicht erschrecken, weil sie tiefstes Leid aus eigener Erfahrung kenne.

Identitätswandel. Die Frau spricht davon, ihre Mission gefunden zu haben. Sie sehe ihre zukünftige Aufgabe darin, andere zu heilen. In der Folgezeit besucht sie Fortbildungen zur Heilerin auf dem esoterischen Markt und beginnt, anderen zu helfen. Damit ist eine neue Identität deutlich geworden, für die sie tiefste Dankbarkeit empfindet. Aus der »Verwundeten« wird eine »Heilerin«.

Verhaltensänderung. Heute bietet sie sich als »Zuhörerin« für Menschen an, die schwierige Zeiten durchlaufen, und betreut Sterbende in einem Hospiz. Ihre Vergangenheit sieht sie in einem neuen Licht. »Wenn jemand so etwas übersteht«, versichert sie, »muss er beinah übermenschliche Kräfte haben.« Aus ihren Worten spricht Stolz über ihre Stärke und darüber, dass sie sich nicht zerstören ließ.

Das Beispiel zeigt, dass Bewältigung selbst in schwierigen und scheinbar aussichtslosen Entwicklungen möglich sein kann. Das gilt nicht nur für Ereignisse, sondern auch für Krankheiten. Allerdings scheint jeder Mensch gezwungen zu sein, die Wege seiner eigenen, individuellen Bewältigung im Wortsinn zu er*leben*.

Selbst Leiden und Schmerzen vermitteln Sinn.

KRANKHEITEN BEWÄLTIGEN

Krisen sind schon deshalb unvermeidlich, weil niemand im Bewusstsein möglicher Störungen leben kann. Niemand kann mit dem Unerwarteten rechnen, wir müssen im Gegenteil so tun, als sei die Zukunft berechenbar. Werden Erwartungen dann zerstört, gleich ob diese Störungen von *eigenen* oder *anderen* Umwelten verursacht sind, beginnt die Zeit des Bewältigtwerdenmüssens.

Das gilt gerade für Erkrankungen, also für Störungsformen, von denen Millionen Menschen betroffen sind. Obwohl diese Störungen alltäglich massenhaft auftauchen, erwarten wir wie selbstverständlich, gesund zu sein und gesund zu bleiben. Tritt dann eine Erkrankung auf, trifft es uns wie aus heiterem Himmel.

Krankheiten können hart ins Leben eingreifen und es von Grund auf verändern. Doch selbst in Fällen schwerer Erkrankung ist eine Bewältigung der Situation möglich, wenn man sie nicht an den Ansprüchen und Maßstäben gesunder Menschen misst, sondern der Frage nachgeht, was durch die Krankheit ermöglicht wird oder was trotz der Krankheit noch möglich ist. Diesen Ansatz möchte ich etwas ausführlicher am Beispiel Milton Ericksons erläutern.

Milton Erickson war bis zu seinem 18. Lebensjahr ein gesunder Mann. Dann erkrankte er an Kinderlähmung und verfiel in ein Koma, aus dem er gelähmt erwachte. Erickson gab sich nicht auf und schaffte es schließlich, mit Gehhilfen laufen zu können. In Laufe seines Studiums entwickelte er die nach ihm benannten Hypnosetechniken, wobei er vor allem auf Beobachtung, Sprache und Einfühlung angewiesen war. Dies waren die Bereiche, die ihm relativ störungsfrei zur Verfügung standen, und hierin entwickelte er eine Kunstfertigkeit, die ihn zu einem der bekanntesten Therapeuten des 20. Jahrhunderts werden ließ. Im Alter von 46 erlebte er einen schweren Unfall, mit 52 erkrankte er zum zweiten Mal an Kinderlähmung, was äußerst selten geschieht. Nachdem er jahrelang als Forscher und Therapeut tätig war, bildete er in den späteren Lebensjahren vorwiegend aus. Die letzten Lebensjahre verbrachte er im Rollstuhl. Er starb als anerkannter Wissenschaftler im Alter von 79 Jahren.

Milton Erickson hat zeit seines Lebens unzählige Menschen darin unterstützt, zur Bewältigung schwieriger Lebenssituationen auf ihre vorhandenen Ressourcen zurückzugreifen. Er lenkte ihr Augenmerk weg von dem, was sie nicht mehr tun konnten, hin zu dem, was sie unter den gegebenen Umständen tun und vielleicht sogar besser tun konnten.

Das Gleiche galt auch für ihn. Auch in seinem eigenen Leben war er darauf angewiesen, das zu tun, was er unter den Umständen seiner Erkrankung besonders gut konnte: zu beobachten, sich einzufühlen, sprachliche Perfektion zu erreichen. Man kann wohl davon ausgehen, dass Erickson ohne seine Krankheiten nicht zu dieser therapeutischen Meisterschaft gefunden hätte.

Bewältigung bedeutet, das zeigt dieses Beispiel, die noch zur Verfügung stehenden oder sich mit der Situation ergebenden körperlichen und psychischen Möglichkeiten auszubauen und zu leben. Das erfordert, wie bei jeder Veränderung, eine Anpassung des psychischen Systems in den beschriebenen vier Schritten, also Anerkennung einer Störung, Sinnfindung, Identitätswandel und Verhaltensänderung. Bei chronischen Krankheiten scheint die erste Stufe, in der eine Veränderung realisiert wird, allerdings besonders schwierig zu nehmen zu sein. Erläutern wir das an einem Beispiel.

BEISPIEL 1: SICH ERGEBEN

Eine Klientin, eine bisher gesunde Frau, erkrankt im Alter von 33 Jahren an multipler Sklerose. Die Frau ist natürlich schockiert, traut der Diagnose zunächst jedoch nicht. Allerdings sind die körperlichen Beeinträchtigungen auf Dauer nicht zu leugnen, sie spürt schubweise Taubheit und beginnende Lähmungen.

Die Störung zugeben. Verständlicherweise möchte sie diese massiven Störungen nicht hinnehmen und beschließt, dagegen anzugehen. Könnte ihr Zustand nicht andere Ursachen haben? Könnte nicht ein Nerv eingequetscht sein? Oder eine Muskelentzündung vorliegen? Vielleicht handelt es sich um eine Allergie? Oder um eine Vergiftung? Schübe kommen und Schübe gehen, die Frau wandert von Arzt zu Arzt, ohne dass sich etwas ändert. Ihre Sehfähigkeit lässt nach, die Lähmungen nehmen zu und dauern länger. Es braucht zwei Jahre, bis sie anerkennt, an dieser Krankheit zu leiden, und nicht mehr auf eine plötzliche Gesundung hofft.

Einen Sinn finden. Damit ist die Störung akzeptiert. Doch wie könnte sich ein Sinn in der Situation finden lassen? Der zeigt sich in der Folge weiterer, schwerwiegender Entwicklungen.

Nach einem heftigen Krankheitsschub verliert die Frau ihre vorher schon eingeschränkte Sehfähigkeit und verbringt ein ganzes Jahr blind im Rollstuhl. Die Ärzte tun ihr Bestes, können ihre Lage jedoch trotz massiver Medikation nicht verändern. Schließlich bricht die Frau alle ärztlichen Behandlungen ab.

Von jetzt an spricht sie davon, sich ihrer Krankheit ergeben zu haben. Sie könne und wolle nicht länger darüber entscheiden, was aus ihr werde, sie lege ihr Schicksal in die Hände des Lebens. Zur Linderung ihrer Symptome lässt sie sich homöopathisch begleiten. Nach einem Jahr kehrt ihre Sehfähigkeit zurück, sie bleibt aber an den Rollstuhl gebunden.

Worin liegt der Sinn dieser Entwicklung? In diesem Fall in der Akzeptanz dieser Entwicklung. Irgendwer, sagt die Frau, der stärker ist als ich, bestimmt meine Wege und will, dass es so ist. Da es ihr sinnlos erscheint, weiter gegen ihre Lage anzukämpfen, ist es sinnvoll, sich »zu ergeben«, wie sie es ausdrückt.

Identitätswandel. Aus der »Kämpferin« ist eine »Ergebene« geworden. Diese akzeptiert die Wege des Lebens, zu denen auch Krankheiten gehören, und hat damit Frieden geschlossen. Auch das ist Bewältigung. Ähnliches wird auf jeden Menschen zukommen, spätestens dann, wenn sein Tod naht und er erkennt, dass etwas stärker ist als er. Dann kann ihm die gleiche Akzeptanz einen friedlichen Tod bescheren. Natürlich ist dieses Sich-Ergeben nur ein möglicher Sinn. Andere Menschen würden sich vielleicht in »Kämpfer« verwandeln.

Was den Identitätswandel in diesem Fall erschwerte, war die Ungewissheit der Situation, die Wechselhaftigkeit und Unberechenbarkeit der Krankheit. Wer sich das Rückgrat bricht, kennt seine Diagnose. Bei einer derart wechselhaften Krankheit wie der multiplen Sklerose ist die Diagnose ungewiss und die Möglichkeit, dass die Ärzte sich irren, real vorhanden. Nicht genau zu wissen, worin eine Krankheit – also eine Störung – besteht, ob, wann und wie sie wieder ausbricht, ob sie eines Tages verschwindet oder ob man daran stirbt, das macht es doppelt schwer, die Lage zu bewältigen. Dennoch ist es möglich, wenn auch auf eine Weise, die Gesunde nur schwer nachvollziehen können.

BEISPIEL 2: POSITIVES IM NEGATIVEN

Die Bewältigung schwerer Krankheiten kann allerdings nicht aus der Identität eines Gesunden heraus nachvollzogen werden. Beispielsweise betrachten Menschen, die als Blinde geboren wurden, es nicht als besonders erstrebenswert, sehen zu können, während Sehende sich Blindheit als schweres Schicksal ausmalen. Doch erstaunlicherweise scheinen schwere Krankheiten auch positive Effekte zu haben, ein Phänomen, das Gesunde ebenfalls nicht wirklich nachvollziehen können.

Eine Frau, die an *Lupus erythematodes*, einer schweren und nicht heilbaren Autoimmunstörung erkrankte, schildert im Internet ihren jahrelangen Leidensweg und berichtet anschließend von den positiven Aspekten der Entwicklung:

Es gibt allerdings auch enorm Positives zu vermelden.
Die Beziehung zu meinem Mann ist durch die Krankheit
gereift und gefestigt. Er kümmert sich rührend um
mich und leidet manchmal noch mehr als ich selber.
Während seine liebevolle Art früher eine Selbstverständ-
lichkeit für mich war, weiß ich sie heute richtig zu
schätzen und bin heilfroh, einen so wundervollen Lebens-
partner zu haben. Wir genießen in vollen Zügen alle
glücklichen Stunden.

Außerdem habe ich die Prioritäten in meinem Leben verändert. Früher war mein Beruf alles, Gesundheit war selbstverständlich. Ich wollte unbedingt ›etwas erreichen‹. Heute ist es mir wichtig, meinen Mann glücklich zu machen. Ich erfülle mir seit letztem Jahr einen Traum nach dem anderen, der Kanada-Urlaub war der Anfang, gefolgt sind ein Kurs in Selbstverteidigung, eine klassische Gesangsausbildung und gerade habe ich angefangen, Spanisch zu lernen. Meinen Geburtstag werde ich – wenn alles gut geht – dieses Jahr in London verbringen. Alles lang gehegte Wünsche, deren Erfüllung ich immer wieder verschoben habe.

Das kann ich nur jedem empfehlen: Macht alles, was ihr schon immer mal tun wolltet. Als ich letztes Jahr bei jedem Atemzug Schmerzen hatte, habe ich mir vorgenommen, dass ich mir nie wieder vorwerfen werde, etwas nicht getan zu haben, als es noch ging. Diese Krankheit ist Fluch und Segen zugleich. Mich hat sie auf der Rennbahn des Erfolges zur Besinnung gebracht. Ich suche nach Inhalten und Sinn, nicht mehr nach Titeln und Prestige. Vielleicht kann ich weiterarbeiten, vielleicht nicht. Auch dann werde ich mich sinnvoll beschäftigen. In Kanada habe ich angefangen, humorvolle Reiseberichte zu schreiben. Dafür habe ich Talent, das will ich vertiefen und verfeinern.

Der Text zeigt deutlich, wie die immens belastende Situation durch Sinnfindung bewältigt wird. Der Sinn der Entwicklung liegt hier darin, zur Besinnung zu kommen, sich selbst zu finden und unmittelbarer zu leben. Die Frau macht jetzt, was sie immer schon machen wollte, und schreibt Reiseberichte.

SINNVOLLE SCHMERZEN?

Die Vorstellung, in Krankheiten einen Sinn finden zu können, ist den meisten Menschen fremd. Der Erfurter Professor Wilhelm Schmid geht indes noch weiter und behauptet sogar: »Schmerzen haben Sinn.«[25]

So etwas hört niemand gern, weil wir Schmerzen selbstverständlich meiden. Der Professor meint, wer Schmerzen unbedingt dämpfe, dem ginge ihre Besonderheit verloren, die darin bestünde, eine aufdringliche Intimität mit sich selbst zu erzeugen, ein Nachdenken über die Leiblichkeit, den Tod, die Angst und die Sorge als Grundstruktur unseres Daseins.

BEISPIEL 3: KREBS

Es scheint demnach, als ließe sich Sinnvolles in Schmerzen und Krankheiten gerade dann finden, wenn diese existenziell sind. So erfährt es ein 42-jähriger Mann, der an Lymphkrebs erkrankt. Seine Heilungschance liegt mit etwa 70 Prozent nach Auskunft der Ärzte relativ hoch. Er unterzieht sich einer Chemotherapie und ist für die Dauer von sechs Monaten krankgeschrieben.

Die Störung zugeben. Die Diagnose ist unzweifelhaft, die Störung taucht unvermittelt auf, sie wird augenblicklich zugegeben, auch wenn ihre Bedeutung nur allmählich klar wird. Man kann sich vorstellen, dass ihn die Diagnose wie ein Schlag trifft und aus seinem Alltag herausreißt. Buchstäblich von einem Augenblick auf den anderen ist seine gesamte Lebensplanung in Frage gestellt. Wird er die Krankheit überleben? Falls nicht, wie viel Zeit bleibt ihm noch? Was soll aus seinem Beruf werden? Was aus seiner Frau und seiner fünfjährigen Tochter? Diese und andere Fragen bohren sich in ihn, ohne dass er irgendeine Gewissheit herzustellen vermag.

Einen Sinn finden. In den folgenden Monaten der Behandlung nagen Zweifel und Ängste ununterbrochen an ihm. Bin ich bereit zu sterben? Wenn es so weit wäre, was habe ich dann verpasst? Warum erwischt es gerade mich? Habe ich etwas falsch gemacht? Lebe ich das Leben, das ich leben will?

Mit solchen Fragen setzt die Sinnsuche ein. Der Mann stellt im Laufe seiner Betrachtungen fest, dass er zeit seines Lebens recht oberflächlich vor sich hin gelebt hat. Die Tochter sei kein Wunschkind gewesen, an seiner Frau halte er wohl eher aus Gewohnheit fest, seinen Beruf übe er aus, weil ihm nichts Besseres einfalle. Und jetzt könne es womöglich zu spät für ein besseres Leben sein.

Mit diesen Einsichten tauchen offene Wünsche und unerfüllte Sehnsüchte ganz von selbst auf. Ihm fällt auf, wie wichtig seine Tochter für ihn ist. Nun entsteht der Wunsch, die Beziehung zu seiner Frau, von der er sich in den letzten Jahren innerlich entfernt hat, zu klären. An dritter Stelle steht das Bedürfnis, im Falle der Gesundung seine berufliche Situation zu klären. Wenn man sich so mit dem Tod befasse wie er es jetzt tue, sagt er, würde einem erst klar, woran einem wirklich etwas liege und was unwichtig sei.

Identitätswandel. Betrachten wir diese Entwicklung im Hinblick auf die Fragen »Wer ist darin untergegangen?« und »Wer kommt weiter?« Untergegangen ist ein »Oberflächlicher«, und ein »Ernsthafter« geht weiter. Dieser sieht einen Sinn in der Entwicklung. Der Krebs hat ihm gezeigt, worauf es in seinem Leben zukünftig ankommt.

Verhaltensänderung. Nach Abschluss der Chemotherapie scheint der Mann geheilt zu sein. Doch Brief und Siegel kann ihm niemand darauf geben. Er sagt, eines sei ihm nun gewiss: dass nichts gewiss sei. Diese Erkenntnis komme jetzt in seinem Leben vor. Bisher habe er gelebt, als ob das Leben unendlich wäre. Das sei jetzt nicht mehr möglich. Er befasse sich mehr mit seiner Tochter und habe Gespräche mit seiner Frau über die Beziehung begonnen.

Der Sinn des Lebens liegt in seinem Ende.

DAS STERBEN BEWÄLTIGEN

In Krankheiten ist Sinn zu finden, ebenso im Nachdenken über das Sterben und den Tod.

Normalerweise sind derartige Gedanken aus dem Bewusstsein ausgeschlossen. Wir leben, als ob es den Tod nicht gäbe, und wahrscheinlich bleibt uns kaum anderes übrig, als so zu leben. Der ständige Gedanke an das jederzeit mögliche Ende würde kaum Platz für Zukunftspläne und Lebensträume und ein unbeschwertes Leben lassen.

Gerade weil das Ende beinahe ständig aus dem Bewusstsein ausgeschlossen ist und sich niemand gern und absichtlich mit diesem Thema befasst, scheinen Krankheiten und extreme Vorfälle die einzigen realen und verlässlichen Möglichkeiten zu sein, um das mögliche Ende von Zeit zu Zeit in den Fokus der Aufmerksamkeit zu rücken.

Es erscheint sinnvoll, ab und an mit dem Sterben konfrontiert zu werden. Warum? In den vorherigen Beispielen haben sich Antworten hierauf bereits angedeutet. Sich mit dem Tod zu befassen hilft dabei, seinem Leben eine neue Richtung zu geben. Es hilft dabei, herauszufinden, was wichtig und was unwichtig ist.

Der junge Mann aus dem vorigen Beispiel wurde durch

seine Krankheit in eine solche Selbstbesinnung hineingeführt. So oder ähnlich ergeht es jedem Menschen, der mit dem Sterben in Kontakt gerät, an sich oder an nahe stehenden Menschen. Die Endlichkeit des Lebens zu erfahren hilft dabei, Zukunftsvorstellungen zu relativieren. Die eigene Lebensführung gerät auf den Prüfstand; und darin läge ein Sinn des Ereignisses.

Man kann diese Überlegungen in dem Gedanken zusammenfassen, der Sinn des Lebens ergäbe sich aus der Gegenwart des Todes.

Dieser Gedanke ist ein bekanntes Motiv der Literatur. Einige Schriftsteller, unter ihnen Simone de Beauvoir, haben sich mit der Idee eines ewigen, vom Tode befreiten Lebens befasst. Allerdings konnten sie in der Vorstellung eines ewigen Lebens keinen Sinn entdecken. Ein ewiges Leben erscheint sinnlos, weil darin auf Dauer alles bedeutungslos würde. Entscheidungen wären beliebig, weil sie sich wiederholen ließen, die Liebe wäre schal und langweilig, weil auch sie sich endlos wiederholen ließe, Zukunftsträume würden aus dem Leben verschwinden, weil sie alle schon mehrfach erfüllt wären. Ein ewiges Leben erscheint wertlos und langweilig. In der Literatur flehen die ewig Lebenden deshalb um die Gnade des Todes.

Es scheint tatsächlich seine Endlichkeit zu sein, die dem Leben Sinn verleiht. Eine Deutung, die von den nächsten Beispielen gestützt wird.

BEISPIEL 1: VOM STERBEN BEGLEITET SEIN

Ein vormals sehr aktiver Mann ist mittlerweile 75 Jahre alt. Seit kurzem wird ihm nun bewusster, »wirklich alt« zu sein. Sein Kurzzeitgedächtnis lässt nach, und er vergisst die Namen von Personen, mit denen er gerade noch zu tun hatte. Er erinnert sich: »Vor einigen Jahren habe ich noch ab und zu geboxt und war entsprechend kräftig. Das alles schwindet allmählich. Es geht dem Ende entgegen, vielleicht ein paar Jahre noch. Aber das muss so sein, das ist das Leben. Das geht auch, ich muss jetzt nur anders leben.«

Die Störung zugeben. Seine betonten Worte »Das geht auch, ich muss jetzt nur anders leben« beinhalten die Anerkennung der durch das Altern verursachten Störungen, die im Schwinden seiner körperlichen und geistigen Kräfte bestehen.

Einen Sinn finden. Sein Altern zu akzeptieren fällt dem ehemaligen Sportler nicht unbedingt leicht, dennoch findet er Sinn in den Ereignissen. Dieser Sinn zeigt sich in der Formulierung »Das ist das Leben«. In diesen Worten ist die Erkenntnis enthalten, dass das Leben erst durch den Tod zum Leben wird – ebenso wie die Zustimmung dazu.

Identitätswandel. Dieser Mann ist dabei, seine Identität umzustellen. Vom »Mann im besten Alter« wird er zum »alten Mann«. Er akzeptiert den Weg, der vor ihm liegt, und erkennt, dass er jetzt »anders leben« muss.

Verhaltensänderung. Diese Akzeptanz zeigt sich auch darin, dass er vor kurzem begann, sich von denjenigen Besitztümern zu trennen, die er aufgrund seines Alters nicht mehr nutzen kann. Sein Segelboot hat er einem Freund geschenkt. Sein Wochenendhaus verkauft. Momentan trennt er sich von alten Ölbildern und anderen Kunstgegenständen, die er im Laufe seines Lebens gesammelt hat.

Dazu befragt erklärt er: »Was soll ich mit den Sachen noch anfangen? Sie belasten mich. Wenn der Tod kommt, will ich ihm mit leeren Händen gegenübertreten. Ich will nicht, daß mich irgendetwas hier festhält.«

Dann schweift sein Blick zum Bild seiner Frau, das seit ihrem Tod vor 15 Jahren auf einer Kommode im Zentrum des

Wohnzimmers steht. »Die Erinnerung an Marga zurückzulassen wird mir am schwersten fallen. Aber nicht einmal diese Erinnerungen werde ich mitnehmen können.«

Wieder schweigt er, um dann etwas schwermütig hinzuzufügen: »Aber so ist der Tod.«

»So ist das Leben, so ist der Tod.« Wer solche Worte akzeptierend aussprechen kann, braucht nach einem Sinn des Sterbens nicht zu suchen.

BEISPIEL 2: GEGEN DAS STERBEN KÄMPFEN

Anders ergeht es verständlicherweise einem jungen, 32-jährigen Mann, der unheilbar an Krebs erkrankt ist. Nachdem Operationen und Chemotherapie erfolglos waren, geben seine Ärzte ihm noch zwei Monate Lebenszeit.

Die Störung zugeben. Der Mann zweifelt seine Krankheit nicht an, doch er will den Sterbeprozess nicht akzeptieren und ist entschlossen, gegen die Krankheit zu kämpfen. Den frühen Tod hinzunehmen, seine beiden noch sehr kleinen Kinder und seine Frau zurückzulassen, das wäre einfach zu viel verlangt vom Leben.

Einen Sinn finden. Der Sinn des Vorgangs liegt für ihn darin, gegen seine Krankheit und um sein Leben zu kämpfen. Er konsultiert Heiler und verabreicht sich importierte Heilmittel selbst. Der Mann weigert sich, »Sterbender« zu sein und lässt nichts unversucht, um sein Leben zu erhalten. Er wird zum »Kämpfer«.

Identitätswandel. Doch nach knapp vier Monaten scheint seine Zeit unwiderruflich gekommen zu sein. Er bricht zusammen und wird ins Krankenhaus eingeliefert, wo es den Ärzten gelingt, ihn so weit zu stabilisieren, dass er die letzten

Tage unter Schmerzmitteln zu Hause mit seiner Familie verbringen kann.

Verhaltensänderung. Jetzt gibt der Mann seinen Kampf auf. Je weniger Kraft ihm bleibt, desto leichter fällt ihm die Zustimmung zum Sterbeprozess. Die kurze ihm verbleibende Zeit nutzt er zum Abschiednehmen. Seine Frau dokumentiert die letzten gemeinsamen Tage und einen endgültigen Liebesgruß an die Kinder auf einem Video, das sie den Kindern später zeigen wird. Schließlich schläft der Mann in Anwesenheit seiner Frau friedlich ein.

Der »Kämpfer« ist in der Entwicklung auferstanden und schließlich untergegangen, und ein »Sterbender« stimmt dem unvermeidlichen Tod buchstäblich im letzten Moment zu.

WORAUF ES ANKOMMT

Das Beispiel zeigt es, und ich habe es im Laufe meiner Beratungstätigkeit immer wieder beobachtet. Während des wie selbstverständlich hingenommenen Lebens konzentrieren sich die meisten Menschen auf materielle Ziele, wollen etwas werden, erreichen, haben. Rückt der Tod dann in greifbare Nähe, fällt es ihnen erstaunlich leicht, sich von ihren Gütern zu trennen. Dann spielen allein die Beziehungen zu anderen Menschen und zur Natur eine Rolle. Dann geht es einzig um die Frage, ob man geliebt hat – die Menschen, das Leben, die Natur – und ob man geliebt wurde.

So ist auch das Sterben ein Vorgang, der die Chance des Bewältigtwerdenmüssens bietet. Das Sterben bewältigen, das legen die Beispiele nahe, kann am ehesten, wer ein erlebnisreiches, und das bedeutet vor allem ein liebendes, Leben geführt hat.

Deshalb kann sich, wer für sich herausfinden möchte, ob

sein Leben in die richtige Richtung verläuft, von der Vorstellung leiten lassen, ihm bliebe nur noch wenig Zeit zu leben. In wen würde er sich dann verwandeln? Was wäre für diesen wichtig?

KANN ALLES BEWÄLTIGT WERDEN?

Von der Chance des Bewältigtwerdenmüssens zu sprechen bietet interessante Ansatzpunkte für den Umgang mit schwierigen Lebenssituationen. Man sollte jedoch nicht den Eindruck erwecken, als sei jede Krise, unabhängig von ihrem Ausmaß, im Sinne eines Systemerhalts zu bewältigen.

Eine Garantie für die Bewältigung gibt es nicht. Auch biologische Systeme können sich nicht auf jede Umweltveränderungen einstellen. So befindet sich beispielsweise der einheimische Edelkrebs, der früher in jedem Bach zu finden war, am Rand der Ausrottung. Die Art wird mit der Krebspest, einem aus den USA eingeschleppten Pilz, nicht fertig. Es will den Krebsen einfach nicht gelingen, Antikörper gegen den Pilz zu entwickeln, sodass jede Binnenpopulation, die mit dem Erreger in Kontakt gerät, ausstirbt. Täglich gehen Lebensformen verloren, denen die Anpassung an die sich verändernde Umwelt nicht gelingt.

Ähnliches kann der Psyche widerfahren. Sie kann eine Störung möglicherweise lange aushalten. Doch wenn eine Störung zu viel an Schock und Schmerz mit sich bringt, wenn ein seelisches oder körperliches Leiden lange anhält und der Mensch trotz aller Bemühungen keinen Sinn in der Entwicklung findet, mag er beschließen, seinem Leben ein Ende zu setzen. Unheilbar Kranke beanspruchen dieses Recht für sich, und nicht wenige alte Menschen befassen sich mit dieser Option. Auch das kann Bewältigung sein.

KAPITEL 3
VERÄNDERUNG IM BEREICH DER PARTNERSCHAFT

Nachdem erläutert ist, wie Veränderungen im individuellen Lebensbereich funktionieren, möchte ich mich nun dem partnerschaftlichen Lebensbereich zuwenden.
Im Vordergrund steht dabei die Frage, wie sich Paarbeziehungen verändern und ob sie zu ihrer Veränderung ebenso wie die Psyche auf Störungen und deren Bewältigung angewiesen sind.
Die Beschreibung einer Beziehung als System ermöglicht einige ungewohnte, aber auch aufschlussreiche Sichtweisen auf das Phänomen Beziehung.

Sobald zwei kommunizieren, entsteht etwas Drittes.

DAS PHÄNOMEN BEZIEHUNG

Im ersten Kapitel habe ich die Psyche als System beschrieben, als ein System von Wahrnehmungen. Eine Beziehung lässt sich ebenfalls als System verstehen, jedoch als ein soziales System oder als Kommunikationssystem.

Diese Definition ergibt sich aus dem, was in einer Beziehung abläuft: aus Kommunikationen. Eine Beziehung kann nur kommunizieren, sonst nichts. Sie kann nicht wahrnehmen, da sie weder über Gehirn noch Augen noch Ohren verfügt und weder Gedanken noch Vorstellungen noch Erinnerungen hervorbringen kann.

DIE BEZIEHUNG ALS SOZIALES SYSTEM

Der Begriff des Kommunikationssystems ist recht gut nachvollziehbar, denn eine Beziehung entsteht, indem sich zwischen zwei Menschen ein System zahlloser Kommunikationen aufbaut und bleibt bestehen, solange sie miteinander kommunizieren.

In Beziehungen wird allerdings nicht allein verbal kommuniziert, sondern weitaus mehr nonverbal, durch Verhalten und Handlungen. Nicht nur Worte, sondern auch Gesten, ein

Kuss, eine Berührung oder eine Tat stellen Mitteilungen an den Partner dar.

Mit Kommunikation ist auch nicht die bloße Mitteilung gemeint, die jemand sprachlich oder handelnd an jemand anderen richtet. Jemandem etwas mitzuteilen stellt noch keine Kommunikation her. Kommunikation ist ein umfassender Vorgang, in dem die Elemente *Mitteilung, Information und Verstehen* als Einheit zum Tragen kommen.

Die Mitteilung des einen verarbeitet der andere zu einer (für ihn) sinnvollen Information, und sein anschließendes Verhalten lässt eine Vermutung darüber zu, ob er verstanden hat oder nicht. Er reagiert irgendwie, wendet sich zu oder ab oder sagt etwas. Dieses Verhalten wird zum Ausgangspunkt der nächsten Kommunikationssequenz, indem es irgendwie verarbeitet und verstanden wird und zu einer Reaktion führt und so weiter und so fort.

Wenn Kommunikation auf diese Weise hin und her und hin und her fließt, entsteht eine Beziehung. Die Beziehung ist die Kommunikation.

Eine Beziehung findet demnach nicht im Individuum, sondern *zwischen* zwei Menschen statt, sie ist ein soziales Phänomen.

BEZIEHUNGSARTEN

Was genau zwischen zwei Menschen hin und her fließt, kann unterschiedlicher Natur sein und verschiedene Arten von Beziehungen erzeugen. Diese verschiedenen Beziehungsarten lassen sich über das, *was* kommuniziert wird und *was nicht* in der Kommunikation vorkommt, bestimmen.

Beispielsweise wird in einer Geschäftsbeziehung etwas anderes kommuniziert als in einer Freundschaft oder in einer

Liebesbeziehung. Die Geschäftsbeziehung kommuniziert vorwiegend Fakten, die Freundschaft Erlebnisse und die Liebesbeziehung Intimität.

EINE BEZIEHUNG ERZEUGT SICH SELBST UND IST EIGENSTÄNDIG

Umgangssprachlich sagen Menschen, sie *hätten* eine Beziehung oder sie würden eine Beziehung *führen*. Diese ungenauen Formulierungen erwecken den Eindruck, Beziehungen würden von den Beteiligten »gemacht« oder sogar »gesteuert« und die Beziehungspartner würden über ihre Beziehung »bestimmen«.

Das ist allerdings nicht möglich, weil sich die Beziehung erst aus der Kommunikation ergibt und nicht einfach aus dem, was der eine oder der andere tut. Die Beziehung ergibt sich aus den Verbindungen und Verwicklungen des Tuns der Partner, wobei unter Tun ihre Kommunikation zu verstehen ist. Diese kommunikativen Verbindungen und Verwicklungen sind weder von dem einen noch von dem anderen Beziehungspartner vorhersehbar noch sind sie steuerbar.

Ein Vergleich aus der Chemie könnte das erläutern. Dazu kann man sich die zahllosen Mitteilungen der Partner als zahllose unterschiedliche chemische Stoffe vorstellen. Diese chemischen Stoffe werden in der Kommunikation zusammengeführt, aber welche Verbindungen (welche Kommunikation) sie dort hervorbringen, das lässt sich nicht absehen, weil der eine Partner nicht weiß, welche Chemikalie der andere als Nächstes zu seiner dazuschüttet und wie dieser Mix miteinander reagieren wird.

Wenn Sie sich mit Ihrem Partner unterhalten, können Sie nicht voraussehen, was er oder Sie selbst in einer oder zwei oder in zehn Minuten sagen werden und wie die jeweilige Reaktion darauf aussehen wird. Dieser Ablauf und damit der Verlauf der Beziehung ergeben sich erst aus der Kommunikation. Der Partner sagt etwas, Sie verstehen es auf Ihre eigene Weise, Sie antworten aus diesem Verständnis heraus, der Partner versteht es auf seine Weise, er antwortet aus seinem Verständnis heraus... Eine Kommunikation erzeugt die andere, und die Beziehung verändert sich entsprechend dieses unvorhersehbaren Ablaufs.

Man könnte sagen, die Beziehung entwickle sich im Grund von selbst. Im Laufe einer Kommunikation kann es passieren, dass zwei nach kurzer Zeit feststellen, dass nichts Erhaltenswertes – also keine nennenswerte Beziehung – zwischen ihnen entsteht. Ebenso kann das Gegenteil der Fall sein: Es entsteht etwas, das eine außerordentliche Anziehung auf die beiden ausübt, eben eine Beziehung.

Die Konsequenz lautet: Eine Beziehung erzeugt sich selbst, sie entsteht erst mit dem unvorhersehbaren Kommunikationsprozess.

Diese Vorstellung, eine Beziehung erzeuge sich selbst, ist sicherlich ungewohnt. Jeder Partner meint, er habe seine Beziehung geschaffen oder zumindest hätten beide Partner sie (bewusst) geschaffen. Doch das ist nicht möglich. Was sich unvorhersehbar zwischen den Partnern bildet, führt ein Eigenleben. Man kann sich eine Beziehung daher als etwas Drittes vorstellen, das entsteht, sobald zwei Menschen in Kommunikation miteinander geraten. Dieses Dritte wäre gewissermaßen eigenständig. [26]

BEZIEHUNGEN PASSIEREN

Auch bei einer Paarbeziehung macht es, entgegen dem Empfinden der Partner, wenig Sinn, davon auszugehen, sie hätten sich bewusst für ihre Beziehung entschieden. Vielmehr ist ihre Liebe in einem unvorhersehbaren Kommunikationsprozess entstanden. Die Partner sind sich begegnet, haben Worte oder Blicke oder Gesten oder Berührungen ausgetauscht und sich ineinander verliebt. Ihre Liebe ist ihnen »passiert«, sie haben diesem Ereignis, an dem sie nichts ändern konnten, dann lediglich zugestimmt.

Beziehungen geschehen, man kann sie nicht lenken, vor allem keine Liebesbeziehungen. Deshalb kann man eine Beziehung auch nicht machen, sondern ist darauf angewiesen, sie zu suchen. Zu dieser Partnersuche werden von Partnerschaftsvermittlern inzwischen so genannte Five-Minute-Dates organisiert.

Stellen Sie sich vor, Sie sitzen an einem langen Tisch, Ihnen gegenüber befinden sich in einigem Abstand zehn fremde Personen des anderen Geschlechts. Sie haben jetzt fünf Minuten Zeit, mit jeder dieser Personen zu kommunizieren. Könnten Sie vorhersagen, welche Beziehung zwischen Ihnen und jedem dieser zehn Menschen entsteht? Oder könnten Sie sich vornehmen, welche Beziehung zu welcher dieser Personen Sie haben wollen, wenn die Zeit um ist?

Nein, das ist schlicht unmöglich. Nach Ablauf der Zeit können Sie lediglich feststellen, welche Beziehungen in dieser kurzen Zeit entstanden sind und sich dafür entscheiden, eine oder einige davon aufzunehmen. Dennoch bliebe dann abzuwarten, wie sich diese Beziehungen weiterentwickeln.

Partner können demnach nicht darüber bestimmen, welche Art von Kommunikation zwischen ihnen möglich ist und welche Dichte und Intensität ihre Kommunikation annehmen wird. Die Beziehung bestimmt darüber, denn sie erzeugt sich selbst.

BEZIEHUNG UND UMWELT

Ist eine Beziehung entstanden, weist sie – wie alle Systeme – eine hohe Geschlossenheit gegenüber ihrer Umwelt auf. Das resultiert aus dem Umstand, dass in einer Beziehung nichts anderes vorkommen kann als Kommunikation.

Die Gefühle der Partner, ihre Gedanken, ihre Vorstellungen, ihr Körperempfinden – all das Psychische findet keinen Zugang in die Beziehung. Es kann dort nur in Form von Mitteilungen vorkommen, die irgendwie verstanden oder missverstanden werden. Man kann darüber sprechen, verbal oder körperlich, aber man vermag den Partner weder die eigenen Gedanken lesen zu lassen noch ihm Bilder der eigenen Vorstellungswelt zu zeigen noch kann man ihn eigene Erfahrungen spüren lassen. Selbst wenn man diese Gedanken aufschreibt oder entsprechende Vorstellungen aufmalt, wird der Partner die Worte und Bilder auf seine Weise verstehen und etwas Eigenes daraus machen.

Die Geschlossenheit einer Beziehung bedeutet, dass die Psychen der Partner völlig voneinander abgeschottet sind.

Etwas zugespitzt könnte man sagen, der Partner selbst spiele eigentlich keine große Rolle, sondern allein die Beziehung zu ihm. Den Partner kennt man ohnehin nicht, obwohl Partner in der Regel davon ausgehen, sie würden sich kennen. Das ist eine Illusion. In Wahrheit kennen Partner lediglich die eingespielten Strukturen der Kommunikation, die sie miteinander pflegen und gehen davon aus, dass alles so weiterläuft wie gewohnt. Wenn sich diese Kommunikation unter bestimmten Umständen aber ändert, lernt man den Partner anders kennen und erkennt ihn womöglich nicht wieder.

Aufgrund der Geschlossenheit einer Beziehung gehört alles, was außerhalb der Kommunikation abläuft, zur Umwelt der entsprechenden Beziehung, also alles, was nicht kommuniziert wird oder nicht kommuniziert werden kann. Dabei handelt es sich, wie bereits angedeutet, vor allem um die Psychen der Partner, deren Wahrnehmungen nur auf dem Umweg über kommunikative Verformung in eine Beziehung gelangen. Zur Umwelt einer Beziehung gehören ebenso alle anderen Beziehungen, aber auch die Gesellschaft und die physische Welt der Natur.

Eine Beziehung hat also jede Menge Umwelt, die sich selbstredend in ständiger Bewegung befindet. Psyche, andere Beziehungen, Gesellschaft und Natur verändern sich permanent. Da eine Beziehung jedoch aufgrund ihrer eigenen Kommunikationsstrukturen funktioniert und aufgrund ihrer Geschlossenheit wie alle Systeme umweltblind ist, kann sie eine Umweltveränderung nicht wahrnehmen, es sei denn, sie verfügt wie alle Systeme über strukturelle Kopplungen zur Umwelt.

KOPPLUNG ANS BEWUSSTSEIN

Beziehungen sind durch Bewusstsein an ihre Umwelt gekoppelt, und deshalb kann Bewusstsein eine Beziehung stören. Das geht folgendermaßen vonstatten: Einer oder beide Partner bemerken irgendwie, dass die Kommunikation gestört ist und können daraus schließen, falls sie diese Reflexion anstellen, dass sich in der Umwelt der Beziehung etwas verändert haben muss, das sich auf die Beziehung auswirkt.

Beispielsweise herrscht plötzlich »dicke Luft« in einer Beziehung. Die Partner bemerken das, weil ihre Kommunikation nicht wie erwartet verläuft. Statt Nähe entsteht Streit. Man kann nun davon ausgehen, dass in der Umwelt der Beziehung – wahrscheinlich in der Psyche eines oder beider Partner – eine Veränderung stattgefunden hat. Da der eine Partner nicht in den anderen hineinsehen kann, bemerkt er die psychische Veränderung jedoch nicht unmittelbar, sondern nur anhand deren Auswirkung auf die Kommunikation, also anhand der Störung der Beziehung.

Weiter vorne habe ich beschrieben, dass biologische Organismen die Veränderungen ihrer Umwelt ausschließlich an der Störung des eigenen Zustandes bemerken. Dass der Misthaufen ihm in einer Trockenperiode nicht genug Wasser zur Verfügung stellt, erfährt der Pilz nicht vom Wetterbericht, sondern er bemerkt es am Zustand seiner Zellen, also an sich selbst.

Ebenso verhält es sich mit einer Beziehung. Die Umweltveränderung einer Beziehung lässt sich nicht direkt, sondern nur am Zustand der Beziehung erkennen.

Dass ein Partner aufgrund irgendwelcher Umstände innerlich Abstand zum anderen gewinnt, wird am Zustand der Beziehung deutlich, beispielsweise wird sie »kühler«. Indem er etwas Unerwartetes kommuniziert oder es unterlässt, etwas Erwartetes zu kommunizieren, wird der gewohnte Ablauf der Kommunikation gestört und damit der Zustand der Beziehung verändert.

SCHEITERN VON BEZIEHUNGEN

Das Scheitern von Beziehungen – damit ist gemeint, dass sie einen unerwarteten und unerwünschten Verlauf nehmen – ist aufgrund ständiger Umweltveränderungen ebenso garantiert und ebenso unvermeidlich wie das individuelle Scheitern, und es ist ebenso nötig, damit sich Beziehungen an geänderte Umweltbedingungen anpassen.

Anforderungen, wie sie heute an Partner gerichtet werden und die darauf hinauslaufen, sie sollten »störungsfrei« kommunizieren und Beziehungen »richtig« führen, das heißt aufgrund angeblicher Regeln der Liebe, gehen völlig an der Realität vorbei. Ganz im Gegenteil dazu gilt:

Beziehungen sind ebenso wie psychische Systeme auf Störungen angewiesen, um Umweltveränderungen zu bemerken und sich an diese veränderten Bedingungen anzupassen.

Beziehungspartner stehen permanent vor der Aufgabe, Beziehungsstörungen zu bewältigen, weil ständig etwas Unerwartetes kleinen oder großen Ausmaßes geschieht. Der Geschäftspartner zögert mit dem Vertragsabschluss, der Freund meldet sich nicht oder ist anderer Meinung, der Liebespartner hat schlechte Laune oder geht fremd, und all das wirkt sich auf die Beziehung aus.

Damit wären die Grundfragen zum Thema Beziehung beantwortet, die Fragen, was eine Beziehung ist, wie sie entsteht und ob sie auf Störungen angewiesen ist. Gehen wir nunmehr in die Tiefe des Themas Paarbeziehung.

Liebe ist möglich, indem vieles nicht kommuniziert wird.

DIE KOMMUNIKATION DES PAARES

Beziehungen – ich beziehe mich im Folgenden auf Paarbeziehungen – unterscheiden sich von anderen sozialen Systemen, beispielsweise von Freundschaften oder Geschäftsbeziehungen, durch die spezielle Form ihrer Kommunikation.

ZWEIERLEI BINDUNG

In einer Paarbeziehung wird vor allem Liebe und Intimität kommuniziert. Diese beiden Kommunikationsformen schaffen unterschiedliche Bindungen: die Liebesbindung und die partnerschaftliche Bindung. Man könnte das auch folgendermaßen ausdrücken: Zu einer Paarbeziehung gehören sowohl Liebesbeziehung als auch Partnerbeziehung.

Für die Kommunikation von Liebe sind bestimmte Handlungen reserviert, die nur Liebende miteinander praktizieren, beispielsweise Zärtlichkeit, bestimmte Formen des Kusses, Sexualität und innerste Mitteilungen, die das Wesen der Individualität betreffen. Dagegen beruht die Kommunikation der Partnerschaft vorwiegend auf gegenseitiger Unterstützung und Lebensbegleitung.

Obwohl gemeinhin beides in einen Topf geworfen wird,

sind Liebes- und Partnerbindung nicht identisch und gehören nicht zwingend zusammen.[27] Man kann aber davon ausgehen, dass in unserer Kultur zwei Menschen sich erst dann zum Paar erklären, wenn sie beides in ihrer Beziehung vorfinden.

Eine Paarbeziehung ist demnach ein Kommunikationssystem, in dem die beiden Bindungsmotive Liebe und Partnerschaft auf spezifische Weise gewichtet sind.

Bei dem einen Paar liegt der Beziehungsschwerpunkt mehr in Richtung Liebesbindung, bei einem anderen mehr in Richtung Partnerbindung. Jedes Paar kommuniziert Liebe und Partnerschaft in seiner ganz spezifischen Art und Weise, und daher ist jede Paarbeziehung auf ihre Weise exklusiv.

DIE GEMEINSAME WELT

Partner bauen mit ihrer Beziehung quasi eine eigene, gemeinsame Welt auf, die über eine Innenseite und eine Außenseite verfügt.

Während sich ein Individuum als psychisches System in der Unterscheidung von *meinem* Leben zu *dem* Leben bildet, entsteht die Liebesbeziehung durch die Unterscheidung von *unserer* Welt gegen *die* Welt.

Auf der Innenseite dieser gemeinsamen Welt findet Beziehung statt, in Form der beschriebenen Kommunikation von Liebe und Partnerschaft. Treten die Partner in Beziehung, betreten sie ihre Welt und grenzen sich damit automatisch von der übrigen Welt ab. Darin liegt der hauptsächliche Grund für die Bedeutung von Beziehungen.

Die gemeinsame Welt gewährt Abstand zu den Ungerechtigkeiten und Konflikten, die in der Welt stattfinden, und durch diesen Abstand wird die Welt erträglicher. Bedeutung erhält die Beziehung auch aus der gegenseitigen Bestätigung, die sich die Partner vermitteln. Man liebt den anderen »so wie er ist«. Die Partner fühlen sich durch die Liebe in ihrer individuellen Einzigartigkeit anerkannt und können sich dadurch selbst annehmen und erkennen. Wichtig ist eine Beziehung auch, weil darin Geheimnisse ausgetauscht werden. Man erfährt vom anderen, was sonst niemand weiß. Das verleiht der Beziehung einen Teil ihrer Exklusivität.

Dieses in die Liebesbeziehung Eingeschlossene macht den Wert von Beziehungen aus. Es lässt sich nur in der gemeinsamen Welt der Partner erleben, und nur dort in dieser Qualität und Intensität. Damit diese gemeinsame Welt überhaupt entsteht, muss allerdings vieles aus der Kommunikation der Partner ausgeschlossen und in die Außenseite der Beziehung – ihre Umwelt – verwiesen werden.

DIE UMWELT DER PAARBEZIEHUNG

Liebende kümmern sich wenig um Gesetze und Moral, um politische Meinungen und lassen die Gebote der Vernunft außer Acht. Das »Weltliche« spielt in ihrer Beziehung kaum eine Rolle.[28]

Verliebte sind tatsächlich und bekanntlich blind gegen die Welt, sie schweben über der Realität, und sie tun das gern und müssen es tun, sonst haben sie keine Liebesbeziehung.

Neben dem »Weltlichen« wird auch allerhand Individuelles aus der gemeinsamen Welt der Liebenden verbannt, beispielsweise unterschiedliche Interessen und Vorstellungen der Partner. Ihre Unterschiede kennen die Partner kaum, und sie machen sie möglichst nicht zum Gegenstand ihrer Kommunikation. Über Trennendes lässt sich bestenfalls sprechen, nonverbal, also mit einer Tat, lässt es sich nicht gemeinsam praktizieren. Von dem »Weltlichen« oder dem sie Trennenden wollen die Partner nichts wissen, zumindest nicht, sobald sie in Beziehung treten, denn dazu brauchen sie Gemeinsamkeiten.

Deshalb wird in einer Paarbeziehung keinesfalls alles kommuniziert, was Menschen kommunizieren können, sondern im Gegenteil nur sehr wenig. Die Liebe der Partner funktioniert aufgrund von Komplexitätsreduzierung, die für alle Systeme, auch für Kommunikationssysteme, charakteristisch ist.

Die Partner lieben sich nicht deshalb, weil sie tatsächlich *alles* einander mitteilen, sondern sie lieben sich gerade im Gegenteil, weil sie vieles *nicht* kommunizieren.

Arnold Retzer weist darauf hin, indem er sagt:

In der Liebesbeziehung muss unter weitgehendem Verzicht auf Kommunikation kommuniziert werden. Sie basiert auf der Überzeugung des Schon-verstanden-Habens.[29]

Nur indem sie vieles aus ihrer Kommunikation weglassen, ist es den Partnern möglich, *scheinbar alles* voneinander zu wissen, *scheinbar alles* miteinander zu teilen, sich in vieler Hinsicht eins miteinander zu fühlen und einander scheinbar vollständig zu verstehen. Es geht in der Liebe demnach weit mehr um die Illusion des Verstehens als um das Verstehen selbst.

Partner müssen sich nicht wirklich verstehen, sind aber auf das Gefühl des sich Verstehens angewiesen.

Um dieses Gefühl aufrechtzuerhalten, sind sie geradezu darauf angewiesen, sich nicht umfassend zu kennen. Die Konsequenz hieraus lautet: Machen Partner sich ihre individuellen Unterschiede deutlich und kommunizieren sie diese, führt sie das tendenziell aus ihrer Beziehung hinaus, aus »ihrer Welt« in »die Welt«.

Schließlich kann man Unterschiede nicht gemeinsam leben, sondern nur getrennt. Wenn er gerne Tennis spielt und sie gerne wandert, ergibt sich aus diesen Unterschieden keine Gemeinsamkeit und damit keine Beziehung. Das Unterschiedliche trennt, weil es nicht zusammen-, sondern auseinander führt.

Gemeinhin wird zwar davon ausgegangen, dass individuelle Unterschiede die Partner füreinander interessant machen und Beziehung schaffen, aber das ist nur scheinbar so. Beispielsweise lässt sich oft beobachten, dass ein Partner eher extrovertiert und der andere eher introvertiert auftritt. Die Partner weisen unterschiedliche Wesensmerkmale auf, hinter denen sich allerdings ein gemeinsames Thema verbirgt. In diesem Beispiel könnte es sich um das Thema Angst handeln. Der Extrovertierte überspielt seine Angst, während der Introvertierte sie vor sich herträgt, und so wird Angst zu einem verbindenden Thema.

Es bleibt also dabei, dass individuelle Unterschiede zur Umwelt der Beziehung gehören und von dort aus stören können.

Eine Beziehung ist eine Vorstellung.

PAARIDENTITÄT

Die Beziehung ist die Kommunikation des Paares. Diese spezifische Kommunikation gibt eine Vorstellung davon, wie die Beziehung »ist«. Dieses Bild, das sich Partner von ihrer Beziehung machen, wird im Begriff der Paaridentität festgehalten.

Die Paaridentität drückt das Gemeinsame der Partner aus, dasjenige, das sie im Blick haben und worauf sie achten.

So wie ein Einzelner nicht von sich sprechen kann, ohne den Begriff »Ich« zu gebrauchen, kann ein Paar nicht von seiner Beziehung sprechen, ohne das Wort »Wir« zu benutzen. Eine Beziehung erhält daher, genau wie ein Individuum, einen Namen, aus dem sie Identität bezieht. Beim Paar lautet dieser Identitätsstiftende Name schlicht »Wir«.

Wir lieben uns. Wir sind zusammen. Wir sind uns einig. Wir wollen das Gleiche. Wir fühlen dasselbe. Wir teilen Werte, Ideale, Lebensziele. Wir sind ein Paar.

Der Oberbegriff »Wir« lässt sich weiter zerlegen, um eine konkrete Beziehung zu bezeichnen. Die Partner sagen dann beispielsweise: Wir haben eine *lebendige* Beziehung. Wir führen eine *harmonische* Beziehung. Wir führen eine *leidenschaftliche* Beziehung. Wir führen eine *verlässliche, vertraute, schöne, intensive, zarte, verspielte, handfeste* oder sonst wie *genannte* Beziehung.

Die Identität des Paares, also das Bild, das es sich von seiner Beziehung macht, ist vom emotionalen Erleben der Anfangszeit geprägt, vom »Wir« einer intensiv erlebten und scheinbar vollständigen Einheit. Natürlich kommt dieses Erleben nicht deshalb zustande, weil die Partner ihre Beziehung vollständig im Blick haben, sondern im Gegenteil, weil sie deren Brüche und Dellen übersehen. Sie konzentrieren sich auf das Verbindende und lassen die Bedeutung des Trennenden außer Acht.

Paaridentität ist also Ergebnis einer Selektion. Sie enthält das, was sich angesichts der Kommunikation des Paares in den verschiedenen Lebenssituationen als gemeinsame Vorstellung »durchhält«, um die Formulierung von Dirk Baecker aufzugreifen. Was nicht zu »uns« passt, wird so gut als möglich ignoriert und aus der Beschreibung der Beziehung ausgeschlossen.

Die Selbstbeschreibung des Paares hat Konsequenzen für die Entwicklung der Beziehung, denn sie legt die Beziehung fest. Aus dem Bild der Paaridentität ergeben sich die Erwartungen, die ein Paar an seine Beziehung richtet. Das »harmonische« Paar möchte auch in Zukunft eine harmonische Beziehung, und natürlich sollen alle »leidenschaftlichen« Beziehungen auch in Zukunft leidenschaftlich sein.

Die Paaridentität erweist sich als die Hülle, durch welche die Kommunikation der Partner zusammengehalten wird.

Wenn die Vorstellung von der Beziehung gestört wird.

ANGRIFFE AUF DIE PAARIDENTITÄT

Es wundert nicht, dass die »Vorstellung Beziehung«, die Paaridentität, vom gleichen Schicksal ereilt wird, von dem auch individuelle Identität betroffen ist. Sie wird früher oder später vom Leben überholt. Die Umwelt greift störend in die Kommunikation ein und verändert den Zustand der Beziehung.

Schon ein kleiner Streit stört, weil er nicht zur Vorstellung der »harmonischen« Beziehung passt. Wo kam der Streit her? Aus der Umwelt der Beziehung, aus individuellen Unterschieden, die nicht bemerkt wurden. Natürlich war dieses Individuelle immer schon irgendwie da und hat sich hier und da bemerkbar gemacht, aber Unterschiedliches hat es grundsätzlich schwer, gegen das »Wir« der Paaridentität anzukommen.

Erst wenn eine Umweltveränderung im Bewusstsein der Partner auftaucht, wird ihr Bedeutung verliehen. Dazu muss sie den Zustand der Beziehung verändern; und wenn sie das tut, wirkt sie dort auf jeden Fall störend.

Eine Beziehungsstörung zu erleben bedeutet: Etwas ist geschehen, das nicht zu den gemeinsamen Erwartungen passt.

Die Beziehung ist nicht mehr so, wie die Partner sie sich vorstellen. Irgendetwas hat sich verändert, aber die Paaridentität hält mit dieser Veränderung nicht Schritt. Die Partner sind mit ihrer Vorstellung gescheitert, das Leben ist ihnen vorausgeeilt.

Das Scheitern in Beziehungen ist ebenso alltäglich und unvermeidbar, wie es das Scheitern im individuellen Leben ist. Partner können dieses Scheitern nicht verhindern, weder indem sie schlaue Tipps beherzigen noch indem sie ausgefeilte Beziehungsstrategien verfolgen. Dieses Scheitern tritt schlichtweg auf, wenn gemeinsame Erwartungen der Partner enttäuscht werden.

Ein vielen Paaren bekanntes Scheitern betrifft beispielsweise die Erwartung der Treue. Die Partner führen eine treue Beziehung und glauben, diese auch zukünftig zu führen, aber dann passiert ein Seitensprung. Dieser Vorfall enttäuscht die gemeinsame Erwartung, sich treu zu sein, und die Beziehung ist gestört.

Die Paaridentität kann jederzeit aus der Beziehungsumwelt angegriffen werden. Nehmen wir das amüsante Beispiel eines völlig verliebten jungen Paares: Nach einigen Wochen des Zusammenseins sitzen die beiden in einem Biergarten. Sie ist Vegetarierin und bestellt sich einen Salat, er schlägt mit zwei Bratwürsten zu. Die Frau schaut ihm völlig entgeistert dabei zu, wie er die Würste verschlingt. Sie ist schockiert. Mein Partner isst Fleisch! Sie gerät außer sich und macht ihm eine gar nicht so kleine Szene. Darüber gerät er ebenfalls in Rage. Unfassbar! Seine Liebste regt sich darüber auf, dass er Fleisch isst!

Was ist passiert? Die Paaridentität der beiden enthielt die Vorstellung, vollkommen zueinander zu passen und sich uneingeschränkt zu lieben, »wie wir sind«. Diese Vorstellung hat nun einen Knacks bekommen, indem sich aus der Umwelt, aus dem Nichtwissen, eine individuelle Differenz ins Bewusstsein der Partner schob. Wir sind nicht in allem eins, wir haben verschiedene Ansichten, wir finden nicht alles gut aneinander. Nun besteht die Gefahr, nicht vollständig geliebt zu werden.

BEWÄLTIGUNG

Wenn Beziehungen gestört sind und Erwartungen gescheitert, stehen Paare vor der Aufgabe, ihre Vorstellung von der Beziehung zu verändern. Das Leben ist ihnen enteilt, und sie machen sich auf, diese Veränderung zu bewältigen. Auch das Scheitern einer Beziehung macht demnach einen Sinn: den Sinn des Bewältigtwerdenmüssens.

Bewältigung heißt auch für Paare, einen neuen Namen für ihre Beziehung zu finden.

BEWÄLTIGUNG AUF BEZIEHUNGSEBENE

Partner können auf Beziehungsstörungen reagieren, sobald diese im Bewusstsein auftauchen.

Im Laufe einer Beziehung kann allerhand nicht für existent oder nicht für möglich Gehaltenes im Bewusstsein der Partner auftauchen: unterschiedliche Liebesmotive, unterschiedliche Begehrensstrukturen[30], unterschiedliche Interessen, Ansichten, Erinnerungen, Gefühle, Körper- und Geisteszustände, attraktive andere Menschen, familiäre Einflüsse, berufliche Veränderungen, gesellschaftliche Entwicklungen und so weiter und so fort.

Was immer das Nichtwissen bereithält, wenn es nicht zur Beziehungsvorstellung passt und sich dennoch ins Bewusstsein schiebt, wird es zur Quelle einer Störung und eröffnet die Chance des Bewältigtwerdenmüssens. Die Bewältigung von Beziehungsstörungen verläuft nun ähnlich der Bewältigung im individuellen Bereich in vier Stufen.

Eine erste Schwelle wird genommen, indem eine *Störung erkannt* und *anerkannt* wird. Dann gilt es, einen *Sinn* darin zu finden, um dadurch zu einer veränderten *Paaridentität* zu gelangen, die eine andere Kommunikation ermöglicht.

STÖRUNGEN ERKENNEN

Die Erkenntnis, dass es leichter ist, an einer einmal gewonnenen Identität festzuhalten, als diese zu verändern, gilt auch für die Paaridentität. Deshalb stellt die erste Schwelle der Bewältigung für Partner oft ein großes Hindernis dar.

Diese Schwelle zu nehmen erfordert es, zwischen der Vorstellung und der Realität einer Beziehung zu unterscheiden. In der Vorstellung mag eine Beziehung harmonisch sein, während sie tatsächlich längst angespannt ist. Allzu leicht lässt sich ein Streit als Versehen, eine Spannung als Stressphänomen, eine Distanz als vorübergehend oder ein Ereignis als bedeutungslos qualifizieren.

Die Umweltveränderung verschwindet nicht durch Nichtbeachtung, sondern verdichtet die Beziehungsstörung. Irgendwann befindet sich die Beziehung dann in einem Zustand, der unübersehbar nicht mit der Beziehungsvorstellung zu vereinbaren ist.

Eine Beziehungsstörung bedeutet: Etwas wird nicht mehr kommuniziert, das einst dazugehörte, oder etwas wird kommuniziert, das bisher nicht dazugehörte.

Ein Partner erwischt sich dabei, sein Interesse nach außen zu wenden und immer öfter anderen Männern/Frauen nachzuschauen. Schließlich wird ihm klar, dass er sich in seiner Beziehung langweilt. Jemand anders bemerkt, dass er sich zunehmend mit Trennungsgedanken befasst und realisiert hierüber, mit der Beziehung unzufrieden zu sein. Es kann aber auch sein, dass ein unerwartetes Ereignis über die Beziehung hereinbricht. Ein unversöhnlicher Streit, eine körperliche Auseinandersetzung, ein Seitensprung, eine verkündete Trennungsabsicht oder etwas anderes.

Wie auch immer sie zustande kommen, in solchen Realisationen bricht eine Welt teilweise oder ganz zusammen, nämlich die »gemeinsame Welt« der Partner. Die Kluft zwischen Beziehungsbild und Beziehungsrealität tut sich auf, und die Partner erkennen schmerzhaft, dass die Beziehung sich abseits ihrer Aufmerksamkeit verändert hat.

Die Gefahr an diesem Punkt besteht darin, den Partner als Verursacher dieser Entwicklung auszumachen. Das alles ist nur passiert, weil DU...! Derartige Schuldzuweisungen stellen ein letztes Aufbegehren gegen die Störung dar und sind vergeblich, da sie an der Realität vorbeigehen.

Real ist allein, dass eine Beziehung immer von zweien geführt wird. Der Zustand der Beziehung kann nicht am Verhalten einer Person festgemacht werden, sondern nur an der Kommunikation beider Partner, denn einer kann nicht kommunizieren, das können nur zwei.

EINEN SINN FINDEN

Es liegt also an der Kommunikation der Partner, welchen Zustand ihre Beziehung annimmt. Diese Kommunikation hat eine bestimmte Struktur gebildet und produziert bestimmte Erwartungen, die aufgrund der Umweltveränderungen der Beziehung nicht mehr erfüllt werden. Die Kommunikation der Partner ist starr geworden, sie muss verändert werden.

Der Sinn von Beziehungsstörungen liegt demzufolge in der Veränderung starrer, festgelegter kommunikativer Abläufe.

Die Störung lenkt die Aufmerksamkeit auf wenig Beachtetes. Es wurde der Beziehung zuliebe wenig beachtet, hat aber im Laufe der Entwicklung zunehmend an Bedeutung gewonnen. Es mag sich dabei um individuelle Unterschiede handeln oder um Unzulänglichkeiten der Beziehung oder um gesellschaftliche Einflüsse. Worin auch immer es besteht, wenn die Beziehung bestehen bleiben soll, muss das bisher wenig Beachtete in der Beziehungsvorstellung unterkommen.

EIN NEUER NAME

Im Laufe der mit der Sinnfindung einhergehenden Auseinandersetzungen verändert sich nun die Paaridentität. Das alte Wir löst sich auf und die Partner gewinnen eine neue Vorstellung davon, wie ihre Beziehung »ist«.

Diese Vorstellung erhält dann einen neuen Namen. Aus einer *nahen* wird eventuell eine *distanziertere*, aus einer *kämpferischen* womöglich eine *harmonischere*, aus einer *erotischen* womöglich eine *vertrautere* oder aus einer *leblosen* eventuell eine *lebendigere* Beziehung. Das Bild, das sich die Partner von ihrer Beziehung gemacht haben, ist damit verändert.

VERÄNDERTE KOMMUNIKATION

Die veränderte Vorstellung der Beziehung ermöglicht eine veränderte Kommunikation und zieht dementsprechende Verhaltensänderungen der Partner nach sich. Wenn beispielsweise individuelle Unterschiede in einer Beziehungsvorstellung Platz finden, haben die Partner mehr Freiheiten. Dann können sie getrennt voneinander etwas tun, das sie sich bisher nicht getrauten, aus Angst, die Beziehung zu verletzen. Dieser erhöhte Verhaltensspielraum macht es ihnen möglich, die Beziehung weiterhin als wertvoll zu erleben.

EIN BEISPIEL

Lassen Sie mich die vier Schritte der Bewältigung einer Beziehungsstörung hier an einem Beispiel verdeutlichen.

Eine Störung erkennen. Die Vorstellung eines Paares von ihrer »allumfassenden« Beziehung beinhaltet die Idee, »immer füreinander da zu sein«. Dieses Versprechen haben sie sich zu Beginn ihrer Beziehung gegeben, es wurde damals von starken Emotionen getragen. Nun erleben sie eine Phase, in der ein Partner den anderen stark beansprucht, weil es ihm seit längerem nicht gut geht. Woran merkt der Beanspruchte, dass es ihm zu viel wird? Er wird irgendwann gereizt und erklärt schließlich, dass ihm die Forderungen des Partners immer öfters lästig werden.

Damit wird eine Beziehungsstörung deutlich. Hatten beide nicht einst erklärt, immer füreinander da zu sein? Nun sieht das anders aus, und sie erleben Unstimmigkeiten. Diese fallen beiden auf, weil sie sich aus dem Wege gehen oder verletzt fühlen. Damit ist die erste Hürde der Bewältigung genommen, die Störung ist erkannt.

Einen Sinn finden. Die Partner sprechen über den Vorfall und ihre individuelle Situation und erkennen, dass sich die Umwelt, also die Psyche der Partner, mittlerweile verändert hat. Der eine will viel, und der andere will ihm nicht alles geben. Der Fordernde meint nun, er hätte gar nicht gewusst, dass sein Partner überbeansprucht ist, sonst hätte er sich zurückgehalten. So geht es eine Weile hin und her, bis die Standpunkte geklärt sind. Im Laufe dieser Auseinandersetzung wird der Sinn der Störung deutlich: Sie weist darauf hin, dass die Beziehung nicht (mehr) »allumfassend« ist, dass sie sich verändert hat.

Ein neuer Name. Die Partner kommen zu einer neuen Vereinbarung, die besagt, dass jeder nur geben soll, wozu er in der Lage ist. Damit nehmen die Partner das Versprechen, »immer füreinander da zu sein«, aus ihrer Beziehungsvorstellung heraus. Sie empfinden ihre Beziehung jetzt als »abgegrenzter«.

Eine andere Kommunikation. Mit dem neuen Namen geht eine Verhaltensänderung einher, das heißt, die Kommunikation verändert sich. Die Partner müssen die Frage, »Wenn wir nicht immer füreinander da sind, wann sind wir es und wann sind wir es nicht?«, praktisch beantworten. Sie sprechen mehr miteinander oder gehen vorsichtiger miteinander um.

Damit ist die Beziehungsstörung bewältigt. Die Partner haben sich der Veränderung ihrer Beziehung angepasst.

Beziehungen führen ein Eigenleben.

BEZIEHUNGEN ALS EIGENSTÄNDIGE WESEN

Die Bewältigung einer Beziehungsstörung läuft, das lässt sich zusammenfassend sagen, von einer Paaridentität – von dem, was zwei füreinander zu sein glauben – über die Erschütterung dieser Vorstellung zu dem, was sie aktuell füreinander sind und sein können.

Im Gegensatz zu den üblichen Machbarkeitsvorstellungen hat dieser Prozess wenig mit dem »Gestalten« einer Beziehung zu tun. Ich meine vielmehr:

Im Bewältigungsprozess passen sich die Partner weit mehr an die Beziehung an als es ihnen umgekehrt möglich ist, die Beziehung an ihre eigenen Vorstellungen anzupassen.

Doch Partner scheinen auf die Illusion angewiesen zu sein, »Wir« hätten die Veränderung hervorgebracht. Sie erliegen damit der gleichen Illusion, der ein Individuum erliegt, wenn es sagt: »Ich« habe die Veränderung meines Lebens bewerkstelligt. Diese Illusion wird in beiden Fällen gebraucht, um die Vorstellung der Konstanz einer Identität – in dem einen Fall des Ich, im anderen Fall des Wir – zu erzeugen.

Tatsächlich aber hat das Paar die Veränderung seiner Beziehung weder beschlossen noch gesteuert. Es kann jedoch für sich in Anspruch nehmen, die Störung bewältigt und zu einer anderen Paaridentität gefunden zu haben. Die Partner haben im Laufe dieses Prozesses realisiert, was grundsätzlich oder in dieser Phase miteinander möglich ist und was nicht, was zusammenkommt und was getrennt bleibt.

Damit verhalten sie sich ihrer Beziehung gegenüber wie zu einem eigenständigen, mächtigen, nicht steuerbaren Wesen.

Im Prozess der Bewältigung tritt die Beziehung als etwas Drittes in Erscheinung, das neben den beiden Individuen existiert[31], und Beziehung und Partner treten als gleichwertige Mitspieler in einem Dreieck auf.

Jeder der Beteiligten verfügt über einen Willen, nicht nur die Partner, sondern auch die Beziehung. Deshalb kann sich die Beziehung auch unabhängig vom Willen der Partner verändern. Das sie das tut, ist unbestritten, sonst könnten es sich Millionen Partner ersparen, in der Bewältigung von Problem- und Krisensituationen nach neuen Namen für ihre Beziehung zu suchen.

Wer die Perspektive der Beziehung als eigenständigem Wesen einnimmt, erkennt an, dass die Entwicklung einer Beziehung zum größeren Teil von ihrer Umwelt beeinflusst wird, vom unbemerkten Zusammenspiel all dessen, was sich außerhalb der Kommunikation abspielt, also von den Gefühlen, Sehnsüchten, Erwartungen der Individuen und auch von sozialen und gesellschaftlichen Einflüssen.

Diese Vorstellung von der Beziehung als einem eigenständigen Wesen, die dazu führt, sich nicht ausschließlich auf seinen Partner, sondern mehr auf die Beziehung zu ihm zu beziehen, erleichtert es, Störungen wahrzunehmen, anzunehmen und sich auf die Spur der notwendigen Veränderung zu begeben.

Wer seiner Beziehung ein gewisses Eigenleben zugesteht, dem

fällt es leichter, ihr ein Abweichen von seinen Erwartungen zuzugestehen und neugierig auf ihre Entwicklung sein.

Dann geht es darum, Beziehungen zu entdecken, statt sie steuern zu wollen, und das macht Beziehungen spannend.

Betrachten wir nun solche Entwicklungen in der Praxis.

Dauerhafte Beziehungen haben dauerhafte Konflikte.[32]

BEWÄLTIGUNG VON BEZIEHUNGS-
STÖRUNGEN IN DER PRAXIS

Ein Beispiel einer kleinen Beziehungsstörung habe ich oben gegeben. Grundsätzlich ist alles störend, was sich nicht reibungslos in eine Beziehungsvorstellung einordnet. Was das konkret ist, hängt natürlich von der entsprechenden Beziehung ab.

Grundsätzlich kann man aber davon ausgehen, dass *Langeweile* in der Beziehung, *Unzufriedenheit* mit der Beziehung und unerwartete *Ereignisse* – ähnlich der Störungen im individuellen Bereich – auch im Beziehungsbereich die Hauptrolle spielen. In den folgenden Beispielen wird die Bewältigung solcher Störungen beschrieben. Die Beispiele stammen aus der Praxis meiner Paarberatung. Die Aufgabe dieser Beratung liegt allerdings nicht darin, steuernd in eine Entwicklung einzugreifen. Vielmehr werden Partner darin unterstützt, die vier Stufen der Bewältigung zu durchlaufen und dabei eigenen Sinn, eigene neue Beziehungsnamen und eigene neue Verhaltensalternativen zu entdecken.

BEISPIEL 1: LIEBE PER TEXTBAUSTEIN

Beginnen wir mit einer kleineren Paarkrise. Ein Paar ist seit wenigen Monaten zusammen, sie wohnen jedoch in verschiedenen Städten. Wenn sie sich nicht sehen, telefonieren sie oder schreiben sich seitenlange E-Mails, von denen sich vor allem die Frau begeistert zeigt. Besonders haben es ihr die fantasievollen Anreden und Abschlusszeilen seiner elektronischen Briefe angetan. Das ändert sich allerdings schlagartig, als sie erkennt, dass er dazu Textvorlagen verwendet, die er im Computer abspeichert. Sie gerät außer sich vor Empörung und stellt seine Gefühle für sie grundsätzlich in Frage. Liebt er mich wirklich? Nein, denn wenn er mich lieben würde, wären seine Worte spontan und nicht aus dem Computer! Er wiederum ist von ihrer Reaktion vor den Kopf gestoßen.

Die Störung erkennen. Von da an fühlen sich beide unverstanden, und ihre gemeinsame Welt schwankt etwas. Sein Vorgehen erscheint ihr und ihre Reaktion erscheint ihm wenig liebevoll, obwohl beide dachten, sie hätten eine »verlässliche« Beziehung. Die Beziehung ist »verunsichert«.

Einen Sinn finden. Als momentan einzig mögliche Kommunikation bietet sich der Konflikt an. Es beginnt eine mühsame Auseinandersetzung. In endlosen Gesprächen macht er seiner Freundin begreiflich, wie lange er an der Formulierung dieser Vorlagen gesessen hat, dass es ihm so leichter fällt, seine Gefühle zu äußern, dass er diese Vorlagen nur für sie verwendet und die Gefühle für sie tatsächlich vorhanden sind. Die Frau wiederum macht ihm die Zweifel begreiflich, die der Vorfall auslöste. Beide ringen um Bedeutung und Sinn des Vorfalls und der Auseinandersetzung. Irgendwann bedeuten seine mühsam erarbeiteten Textbausteine und ihr Misstrauen und vor allem die anhaltende Konfliktbereitschaft beider, dass sie sich wirklich lieben. Der Sinn des Vorfalls scheint nun darin gelegen zu haben, ihre gemeinsame Welt und das Gerüst ihrer Liebe auf Stabilität hin zu prüfen.

Neuer Name/Verhalten. Die Partner sind durch einen Konflikt gegangen, und ihre Liebe hat sich bewährt. Sie halten jetzt fester zusammen als vor dem Vorfall. Der Name der Beziehung könnte nun »gefestigte« Beziehung lauten. Innerhalb dieser gefestigten Beziehung ist eine veränderte Kommunikation möglich. Sie kann jetzt seinen Umgang mit Briefen tolerieren und er ihre Zweifel, und damit ist das Problem bewältigt.

Im Partnerschaftsbereich verhält es sich ähnlich wie im individuellen Bereich. Es muss Sinn in den auftauchenden Störungen gefunden werden, damit das System, in diesem Fall die Paarkommunikation, bestehen bleibt oder sich entwickelt. Das gelingt jedoch keineswegs immer. Wenn eine Störung auf Dauer keinen Sinn ergibt, festigt sich die gemeinsame Welt nicht, sondern löst sich in Unverständnis auf, wie das nächste Beispiel zeigt.

BEISPIEL 2: VERSTEHEN UNMÖGLICH

Es handelt sich um ein Paar, das 23 Jahre lang verheiratet war. Die Frau spricht von 23 wunderbaren, glücklichen Jahren. Dann passiert etwas für sie Unvorstellbares. Eines Tages klingelt es, und eine fremde Frau stellt sich als die langjährige Freundin ihres Mannes und Mutter seines 12-jährigen Kindes vor. Mit einem Schlag erfährt die Frau vom Doppelleben ihres Partners, das dieser aufgrund der mit seinem Beruf als Monteur verbundenen permanenten Reisetätigkeit perfekt verbergen konnte.

Störung/Sinn/Verhalten. Die Frau fällt aus allen Wolken.

Von diesem Augenblick an »ging mit ihm nichts mehr«. Die Frau verlangt, dass er sich von seiner Freundin trennt, und er verlangt, dass sie die Nebenbeziehung akzeptiert. Ein gemeinsamer Sinn ergibt sich aus ihren Standpunkten nicht, sie sind unvereinbar. Die Beziehung, die gerade noch intakt war, ist mit einem Mal zerstört.

Dabei spielt es keine Rolle, dass eine Nebenbeziehung funktionieren kann, was die Praxis ja eindeutig bewiesen hat. Ausschlaggebend ist die Verletzung der Vorstellung, eine »einzigartige« Beziehung zu führen. Darunter verstand sie, für ihren Mann einzig und die Einzige zu sein, und er verstand darunter, eine Beziehung zu führen, in der er neben seiner Frau noch eine andere Frau lieben konnte.

Die Frau empfindet die Tatsache, dass sie nicht die Einzige ist, als entwürdigend. Ihr geht die Selbstbestätigung durch die Exklusivität der Beziehung zum Partner verloren. Sie betont, die Akzeptanz einer Parallelbeziehung übersteige ihre Vorstellungskraft. Der Mann wiederum fühlt sich von ihrer Forderung, die Geliebte zu verlassen, erpresst, was er nicht akzeptieren will. Ihm erscheint die Vorstellung, auf sein Doppelleben zu verzichten, ebenso unerträglich. Die beiden trennen sich.

Wieso geht es nicht zusammen weiter? Weil sich die Kommunikation der Liebe mit dem Partner als »nicht anschlussfähig« erweist. Ein gemeinsamer Sinn in dem Vorfall ist nicht zu finden. Was der eine vom anderen verlangt, bedeutet diesem keine Liebe und umgekehrt, weshalb der Faden der Kommunikation reißt und die gemeinsame Welt einstürzt.

Könnte überhaupt ein Sinn in solch einem Vorfall gefunden werden, und wenn ja, worin könnte er bestehen? Beispielsweise in der Vorstellung, die Heimlichkeiten zu beenden und jetzt eine »ehrliche« oder »offene« Beziehung zu führen.

Das Beispiel zeigt, wie wichtig es ist, in den Vorfällen und Störungen der Beziehung einen Sinn zu finden. Wenn das gelingt, können Probleme und Krisen bewältigt werden. Das sollen die nächsten Beispiele belegen.

BEISPIEL 3: VON ABSTAND ZU NÄHE

Beim nächsten Paar ist der Mann 68, die Frau 55 Jahre alt. Die beiden haben auf Wunsch der Frau vor 15 Jahren geheiratet, um den Konventionen ihres gesellschaftlichen Umfeldes zu entsprechen, wie sie sagen.

Eine Störung erkennen. Seit zwei Jahren sind sie mit ihrer Beziehung unzufrieden, es herrscht dauernder Streit und Kampf, der mit verbalen Stichen und Schlägen ausgetragen wird. Der Mann wirft seiner Frau vor, ihn wie einen Hund zu halten, an langer Leine zwar, aber dennoch wolle sie ihn ständig kontrollieren. Sie kontert, er wäre abweisend und grundsätzlich nicht ansprechbar, offensichtlich sei sie ihm völlig gleichgültig geworden.

Vorwürfe fliegen endlos hin und her, ohne dass sich etwas ändert, außer, dass es immer schlimmer wird. An einem Punkt des Streits fängt die Frau unvermittelt zu weinen an. Der Mann hält erschrocken inne und meint, sie solle nicht weinen, schließlich seien sie in die Beratung gekommen, um in einer sachlichen Atmosphäre über die Dinge zu sprechen. Die Frau nickt und nimmt sich gleich wieder zusammen.

Diese Bemerkung des Mannes und die Reaktion seiner Frau deuten auf die bestehende Paaridentität hin. Die beiden beschreiben ihre Beziehung als »beherrscht« und »vernünftig« und streben danach, diesen ehemals so erlebten Zustand wiederherzustellen. Auf dem Hintergrund dieser Vorstellung stört die Realität der Beziehung, die in »unvernünftigem« und

»unbeherrschtem« Streit besteht, in blanken Emotionen, natürlich gewaltig.

Einen Sinn finden. Auch wenn der Streit bisher fruchtlos scheint, hilft er der Entwicklung dennoch, indem er sie auf die Spitze treibt. Die Vorwürfe fliegen weiter hin und her. Das ändert sich erst, als ich beiden klar mache, dass sich ihre Vorwürfe einzig und allein auf das Verhalten des Partners beziehen. Was dieses Verhalten bezwecke, behaupte ich, würde keinen interessieren: »Eure Gefühle scheinen euch völlig gleichgültig zu sein.«

Diese Bemerkung gibt den beiden zu denken. Sie stellen ihre Vorwürfe ein und fragen nach dem Sinn ihres Streits. Was ist der Sinn ihrer Vorwürfe? Wie eigentlich meist stehen auch in diesem Fall Bedürfnisse hinter den Vorhaltungen. Bedürfnisse? Das Wort scheint in der Beziehung ein Fremdwort zu sein. Bedürfnisse zu den menschlichen Schwächen, über die man besser hinwegsieht. Nur widerstrebend wenden sie sich in der Folgezeit diesem Thema zu. Tatsächlich verbergen sich hinter den so kalt und distanziert geäußerten Vorhaltungen (»Du hältst mich wie einen Hund!« versus »Ich bin dir völlig gleichgültig!«) individuelle Erwartungen und gegenseitige Verletzungen. Zuzugeben, dass sie Erwartungen haben und dass es wehtut, wenn Erwartungen enttäuscht werden, fällt den Partnern schwer.

Einen Namen finden. Nach einigen Monaten gelingt es ihnen besser, immer dann, wenn Streit auftaucht, nicht zu diskutieren und sich Vorwürfe zu machen, sondern nach den emotionalen Hintergründen dieses Verhaltens zu forschen. Dann machen sich Gefühle bemerkbar, die bisher aus der gemeinsamen Kommunikation ausgeschlossen waren.

Der Mann erfährt von der Angst und Unsicherheit seiner Frau und von ihrem Bedürfnis nach Nähe und Verlässlichkeit.

Die Frau erfährt von der Unsicherheit und Angst ihres Mannes und von seinem Bedürfnis nach Freiheit. Die Frau erfährt, was Freiheit für ihn bedeutet und was ihm das Gefühl, frei zu sein, wegnimmt. Der Mann erfährt, was Nähe und Verlässlichkeit für sie bedeutet und was ihr das Gefühl, sich auf ihn verlassen zu können, wegnimmt. In dieser Kommunikation erfahren beide, dass sie noch Gefühle füreinander haben. Schließlich verhandeln sie darüber, wie sie auf die Gefühle des anderen eingehen können, ohne gegen eigene Gefühle in nicht akzeptabler Weise zu verstoßen.

Nach einem Jahr ist aus einer »vernünftigen« Beziehung eine »emotionale« Beziehung geworden. Die beiden glauben nun nicht mehr, dass es darauf ankommt, vernünftig und beherrscht zu sein, sondern sind jetzt im Gegenteil davon überzeugt, aus emotionalen Gründen zusammen zu sein.

Neues Verhalten. Ihre Vorstellung von Beziehung hat sich verändert, sie beinhaltet jetzt Streit und Auseinandersetzung als Möglichkeiten partnerschaftlicher Kommunikation.

In diesem Beispiel waren Gefühle aus der Kommunikation der Partner ausgeschlossen und sind in Form von Streit störend in die Beziehung gelangt. Diesem Streit Sinn zu verleihen hat es ermöglicht, in Beziehung zu bleiben und eine neue Vorstellung von der Beziehung zu entwickeln.

BEISPIEL 4: VON NÄHE ZU DISTANZ

Im vorigen Beispiel veränderte ein Paar seine Beziehungsvorstellung von Distanz zu mehr Nähe. Natürlich kann eine Entwicklung auch den umgekehrten Weg gehen, wie das beim nächsten Paar geschehen ist. Der Mann ist 52 Jahre alt, seine Frau 55, ihre Beziehung besteht seit 28 Jahren.

Eine Störung erkennen. In den ersten 20 Jahren führt der

Mann ein Geschäft und schafft das Geld für die Familie heran. Nachdem er das Unternehmen aufgibt, wird er Büroleiter seiner Frau, die sich als Trainerin im Managementbereich einen Namen macht. Nun verdient sie das Geld. Im Verhalten der Partner ändert sich dadurch nichts Grundlegendes. Eines Tages jedoch teilt sie ihm unvermittelt mit, die Beziehung nicht weiterführen zu wollen. Es sei für beide besser, auseinander zu gehen. Dann könne jeder sein eigenes Ding machen.

Der Mann fühlt sich verlassen, obwohl er zugeben müsse, sagt er, dass ihm seine neue Freiheit auch viel Positives ermögliche. Jedoch ärgere er sich maßlos über seine Frau, aber nicht weniger stark über sich selbst. Tatsächlich sei er in den letzten Jahren zum Affen geworden, der sich an sein Frauchen klammere. Das Gleiche habe sie aber in den Jahren zuvor auch getan. Deshalb gäbe es keinen Grund, nun die Beziehung zu beenden. Sie hätten stets eine Beziehung gewollt, in der sie sich gegenseitig in ihrer individuellen Entwicklung unterstützen. Nun aber sei seine Frau zur Egoistin mutiert.

Die Beziehungsvorstellung der beiden ist bis zu diesem Punkt von Fürsorglichkeit gekennzeichnet gewesen. Sie wollten füreinander da sein, was immer geschehen würde. In dieser Paaridentität, die sich auch wertfrei als Abhängigkeit bezeichnen lässt, ist die Möglichkeit, dass sie sich gegenseitig an individuellen Entwicklungen hindern könnten, nicht enthalten. Zusammensein bedeutete bisher, den anderen unter allen Umständen zu stützen.

Greifen wir dieses Bild auf. Wenn ein Partner einen gebrochenen Fuß hat, bedeutet das im Licht dieser Beziehungsvorstellung, ihm den Arm zu reichen und sich seinem Tempo anzupassen. Man hinkt sozusagen gemeinsam. Das mag eine Weile gut gehen, aber wenn der andere durchstarten und sein Ding machen will, darf er dem Partner weder Krücken reichen noch einen Rollstuhl zur Verfügung stellen, sondern muss ihn weiter stützen. So wird der Partner zum Klotz am Bein, den man nur loswird, indem man die Beziehung aufkündigt.

Das Beispiel zeigt, wie verwickelt die Zusammenhänge einer solchen Entwicklung sind. Wer hat »Schuld« an der unerwarteten Trennungsabsicht? Will nur die Frau die Beziehung beenden? Oder hat der Mann sie durch sein Verhalten zu diesem Schritt gedrängt? Wollte nur die Frau egoistischer sein? Oder verbirgt sich hinter seiner Bemerkung, seine neue Freiheit würde ihm auch viel Positives ermöglichen, nicht auch ein verkappter Egoist?

Einen Sinn finden. Wie immer trifft auch in diesem Fall beides zu. Beide Partner haben diese Entwicklung herbeigeführt, deren Sinn offensichtlich darin besteht, Abstand voneinander zu gewinnen. Bezeichnenderweise wollen sich beide nicht scheiden lassen, obwohl sie von Trennung sprechen.

Der Mann nimmt sich eine eigene Wohnung. Da er das Büro seiner Frau weiterhin führt, haben sie mehrmals wöchentlich Kontakt zueinander. Ab und zu gehen sie gemeinsam essen. Nach zwei Monaten bleibt er eine Nacht bei ihr, eine Woche später übernachtet sie bei ihm. Das Thema Trennung ist vom Tisch. Aber es ist nicht mehr die alte, abhängige Beziehung, die beide führen.

Neuer Name/Verhalten. Sie führen, so schildern sie die Entwicklung nun, keine offizielle Beziehung mehr, vielmehr eine inoffizielle. Der Begriff »inoffizielle Beziehung« ist ein interessanter Name für die neue Beziehungsvorstellung. Er weist darauf hin, unter welchen Bedingungen die beiden ihre Beziehungskommunikation fortsetzen können: unter der Bedingung, dass auch Egoismus darin vorkommen kann und dass jeder die Freiheit hat, sein Ding zu machen. Unter der Bedingung großer Unabhängigkeit.

Auch diese Bewältigung ist also gelungen, weil sie einen Sinn ergab und weil die Partner der Veränderung folgten, die ihre Beziehung durch das Ereignis erfahren hatte.

Dass sich selbst in scheinbar widersinnigen Vorfällen Sinn finden lässt, zeigt das nächste Beispiel.

BEISPIEL 5:
VON VERSCHLOSSENHEIT ZU OFFENHEIT

Eine 38-jährige Frau stellt ihre seit fünf Jahren bestehende Beziehung in Frage. Sie kommt zur Beratung, weil ihr Freund fremdging und das zufällig herauskam.

Eine Störung erkennen. Seltsamerweise, sagt sie, fühle sie sich durch den Vorfall eher erleichtert als belastet. Das wiederum verwirre sie restlos. Es passe nicht zu ihrer Vorstellung von einer Beziehung, dass sie nicht eifersüchtig sei. Irgendetwas Grundlegendes könne nicht in Ordnung sein mit der Beziehung, obwohl sie diese eigentlich als sehr gut empfinde. Sie wolle nun herausfinden, was das ist.

Anhand ihrer eigenen, unerwarteten Reaktion auf den Vorfall fällt dieser Frau auf, dass die Beziehung nicht mehr ihren Erwartungen entspricht. Sie hat damit gerechnet, eifersüchtig zu werden, stattdessen zieht sie in Erwägung, selbst mal mit anderen Männern zu schlafen. Wenn sie ehrlich sei, erzählt sie nach einer Weile, schlafe sie schon länger nur noch ungern mit ihrem Freund. Sie mache halt mit, sei aber nicht mit dem Herzen dabei. Im Grunde sei die Beziehung erotisch eingeschlafen, alles liefe nach einem Schema ab. Allerdings fiele es ihr schwer, über diese Empfindungen zu sprechen. Sie habe Angst, ihren Freund zu verletzen. Hier zeigt sich die Paaridentität, die auf eine »rücksichtsvolle« Beziehung hinweist.

Einen Sinn finden. Aufgrund der Vorfälle kommen die beiden nun miteinander ins Gespräch. Dabei erzählt auch er von seiner Unzufriedenheit mit der Situation, davon, dass ihm ebenfalls Erotik fehle und es ihm nicht ausreiche, wenn sie beim Sex passiv mitmache. Beide haben demnach etwas vermisst, ohne sich darüber klar zu sein. In den Vorfällen tritt es nun zutage.

Auch in diesem Fall zeigt sich, dass beide Partner am realen Zustand der Beziehung, an der erotischen Langeweile und der Verschlossenheit in Bezug auf sexuelle Themen beteiligt sind. Beide folgten der Vorstellung einer »rücksichtsvollen« und verletzungsfreien Beziehung, in der folgerichtig Unzufriedenheit verschwiegen wurde. Dass ihre Beziehung verschlossen und erotisch distanziert ist, haben sie nicht recht wahrhaben wollen und nicht zum Thema gemacht. Erst der Seitensprung des Freundes hat den Zustand der Beziehung ins Bewusstsein der Partner gerückt und ein Sprechen darüber ermöglicht. Offensichtlich lag hierin der Sinn des Vorfalls. Er sollte das Thema auf den Tisch bringen.

Neuer Name/Verhalten. Nun beginnen die beiden, offen über ihre Situation zu reden. Über sexuelle Routinen, denen sie sich unterworfen haben. Über sexuelle Vorlieben und Fantasien, die sie einander verschwiegen haben. Über Frust und Lust der letzten fünf Jahre. Sie streiten miteinander. Sie gehen auf Distanz zueinander. Nach einem heftigen Streit, an dessen Ende die Drohung der Frau auftaucht, die Beziehung zu beenden, schlafen sie auf ihre Initiative hin miteinander.

Die Frau verspürt dabei eine Aggression, von der sie positiv angetan ist und spricht davon, ihren Freund »genommen« zu haben. »Jetzt, da alles offen ist, merke ich, dass ich ihn doch noch will«, sagt sie und fügt hinzu: »Aber Sex gibt es nur noch, wenn ich es auch will.«

Der Seitensprung wird von beiden mittlerweile als »Akt

der Befreiung« beurteilt. Interessant ist, dass die Frau erst mit Trennung drohen muss, um so frei zu sein, ihren aggressiven sexuellen Impulsen nachzugeben. In der »rücksichtsvollen« und nahen Beziehung war ihr das nicht möglich. Was aus der Beziehung wird, ist an diesem Punkt offen, die beiden sind gespannt darauf, wie es mit ihnen weitergeht.

Der Name, den die Frau ihrer Beziehung nun gibt, lautet schlicht »Neue Beziehung«. Sie meint, dass es wenig Sinn hätte, die alte Beziehung verbessern zu wollen, es käme vielmehr darauf an, mit demselben Mann eine neue Beziehung anzufangen. Der Vorteil dieser Vorstellung liegt darin, dass sie alte Verpflichtungen beseitigt und Raum für bisher nicht gezeigtes Verhalten bietet.

SINNVOLLE AFFÄREN?

Seitensprünge und Affären gehören sicherlich zu den massivsten Beziehungsstörungen. Wenn diesen Vorfällen kein Sinn verliehen wird, sind die betroffenen Beziehungen meist beendet. Damit dies nicht geschieht, wird der Vorgang sinnvollerweise als Aufforderung verstanden, die Beziehung zu überprüfen und ihre Regeln veränderten Bedingungen anzupassen. Seitensprünge sind demnach keineswegs so dramatisch, wie sie oft dargestellt werden, auch wenn sie sich dramatisch anfühlen und heftige Krisen auslösen. Als sinnvolle Störung begriffen, liefern sie oftmals die Möglichkeit, tiefer in die intime Kommunikation einzusteigen und die Exklusivität der Beziehung im Anschluss daran zu steigern.

Die bisherigen Beispiele zum Thema Partnerschaft stammen vorwiegend aus meiner Beratungspraxis. Beratung kann bei der Sinnsuche einer Störung hilfreich sein. Wie das nächste

Beispiel zeigt, ist die Bewältigung von Beziehungskrisen natürlich auch ohne begleitende Beratung möglich. Die meisten Menschen werden sowieso ohne professionelle Unterstützung zu veränderten Beziehungsvorstellungen finden.

BEISPIEL 6: VON VIELEM ZU WENIGEM

Die folgende Schilderung erreichte mich über das Internet. Es handelt sich um ein Paar, das seit etwa 20 Jahren zusammenlebt, beide sind Mitte vierzig. Sie beschreiben, wie ihnen die Bewältigung einer Krise gelang.

Wir hatten von Anfang an viele Pläne und sind die gemeinsam schwungvoll angegangen. Ein Haus mit Garten, zwei Kinder, meine Selbstständigkeit, die ich in den ersten Jahren aufbaute und zu der mir meine Frau zuarbeitete. Natürlich war das alles sehr antrengend, aber es machte unseren Beziehungstraum aus. Es war so, als ob diese Vorstellung unser Handeln fernsteuerte. Nach einigen Jahren waren wir dermaßen in Arbeit verstrickt, dass kaum noch Freude vorkam. Der Garten war viel zu groß, eher ein kleiner Park. Am Haus war viel zu viel zu reparieren. Meine Frau arbeitete mir viel zu wenig zu. Meine Arbeit beanspruchte mich viel zu viel. Meine Frau war viel zu sehr von den Kindern beansprucht. Alles war viel zu viel und ging über unsere Kräfte.

Nur noch ein Jahr, dann wird alles besser, das haben wir uns jedes Jahr gesagt. Aber es wurde nicht besser, stattdessen entstand viel Distanz und Streit. Streit und noch mal Streit. Wir sagten uns gemeine Dinge. Wir fingen an, Abneigung gegeneinander zu entwickeln. Wir hassten den anderen für die Abhängigkeit, in die sich jeder zu ihm begeben hatte, aber wir kamen da nicht raus. Öfter dachten wir an Trennung. Dann kam der Hammer. Meine Frau verliebte sich und fing eine Beziehung an, die mehrere Monate hielt. Mit einem Mal war alles anders. Es war glasklar: Was immer wir geschaffen hatten und was immer wir noch vorhatten, es war höchst gefährdet. Meine Frau schwamm auf einer Woge verliebter Gefühle, sie war bereit, wegzuschwimmen und alles hinter sich zu lassen; und ich realisierte mit einem Mal, wie dünn das Eis war, auf dem wir uns bewegten.

In dieser Krise hatten wir mit einem Schlag Abstand zum Haus, zum Garten, zur Arbeit erreicht. Diese Dinge waren völlig drittrangig geworden, und es stand allein im Vordergrund, wie es jedem mit seinem Leben und dieser Beziehung ging. Wir gestanden uns ein, unglücklich zu sein, und beerdigten gemeinsam etliche Träume. Danach standen wir uns nackt, allein mit unseren Gefühlen gegenüber und erkannten, dass noch Liebe da war. Wir sind dann zusammengeblieben. Heute sieht unser Leben anders aus. Meine Frau arbeitet mir nicht mehr zu, sondern macht einen eigenen Job. Am Haus arbeiten nur noch Handwerker, oder es bleibt, wie es ist. Für den Garten haben wir eine Hilfe, die bei Bedarf kommt. Die Kinder stehen nicht mehr so im Mittelpunkt. Wir machen viel unabhängig voneinander. Unsere Beziehung hat von diesen Veränderungen sehr profitiert. Ohne diesen Schock, dieses brutale Aufwachen, ohne diese Beziehungskrise, wären wir da nie hingekommen.

Wie könnte man diese Beziehung vor und nach der Veränderung nennen? Sie hat sich, folgt man der Beschreibung, von einer »anstrengenden« zu einer »entspannteren« Beziehung verändert. Und wiederum hat die Gefährdung der Paarwelt durch eine dritte Person bei der Veränderung geholfen. Das ist nicht verwunderlich.

WACHMACHER

Beziehungen sind, das habe ich geschildert, durch die Exklusivität der Welt gekennzeichnet, die die Partner miteinander aufbauen. In dieser Welt und der dazugehörigen Paaridentität spielt die Treue, die in unserer Gesellschaft zum Kommunikationscode der Liebe gehört, eine besondere Rolle, wobei darunter meist sexuelle Treue verstanden wird. Unter diesen Umständen ist es wenig verwunderlich, dass kaum etwas eine Beziehung in ähnlicher Weise gefährdet wie sexuelle Untreue und so genannte aushäusige Verliebtheit. Die sexuelle Untreue bietet sich demnach geradezu an, um die Beziehung mit Störungen zu versorgen.

Untreue gefährdet die Beziehung wie kaum ein anderes Verhalten, indem es darauf hinweist, dass man mit einem anderen Partner eine andere intime Welt aufbauen könnte. Effektiver als auf solch drastische Weise kann eine eingefahrene Beziehung kaum geweckt werden. Worte allein reichen dazu nicht aus.

Es muss aber gar nicht zum Seitensprung kommen. Oft verändert sich die Beziehung allein durch das Eingeständnis, sich für solch eine Möglichkeit zu interessieren.

BEISPIEL 7:
VON SYMBIOSE ZU DIFFERENZIERUNG

So ergeht es einem Paar, das seit 15 Jahren zusammen ist. Der Mann gesteht seiner Frau, Gefühle für eine andere zu entwickeln. Daraufhin bricht eine Beziehungskrise aus.

Zwar lässt sich der Mann auf keine Affäre ein, aber die Beziehung ist offensichtlich in Gefahr. Beide Partner reagieren auf diese Gefährdung der Beziehung verstört und verstärken ihr bisheriges Verhalten. Die Frau wird emotional noch massiver und macht ihm Vorwürfe. Wie kannst du so etwas wollen? Denkst du denn gar nicht an mich? Wie kannst du mich so verletzen? Der Mann zieht sich nun noch weiter zurück, als er es bisher schon tat.

Eine Störung erkennen. Schließlich findet er alleine in die Beratung. »Wir waren der Auffassung, eine absolut harmonische Beziehung zu führen«, betont er. »Wir waren uns immer einig. Ich habe versucht, meiner Frau jeden Wunsch von den Lippen abzulesen, sie auf den Händen getragen, auch im Bett. Aber es war nie genug und jetzt kann ich nicht mehr.«

Greift man das Bild auf, muss sein Bemühen, seine Frau 15 Jahre lang auf Händen zu tragen, ihn sehr angestrengt haben. Tatsächlich dauert es nicht lange, bis der Mann auf den Satz »Und was ist mit mir?« stößt. Dieser Satz ist ihm völlig fremd. So etwas, meint er, habe er in der Beziehung noch nicht einmal gedacht, geschweige denn jemals gesagt. Er kam in der Kommunikation der Partner nicht vor.

Einen Sinn finden. Diesen Satz nimmt er mit nach Hause. Seine Frau ist ähnlich erstaunt über diese Worte wie ihr Mann. Sie spürt die Gefahr, in der sich die Beziehung befindet, und statt ihren Mann weiterhin emotional zu attackieren, geht sie auf ihn ein und fragt ihn: »Was ist denn mit dir?« Er fängt zu sprechen an, die Frau hört zu. Er spricht von seinen Bemühungen, die nie ausreichen, von seiner Erschöpfung und davon, dass er am Ende sei. Das habe sie nicht gewusst, sie habe vielmehr gedacht, er mache das gern, sagt sie. Der Mann ist nun erleichtert, nicht weiter angegriffen zu werden und reagiert auf ihr Verständnis positiv.

Während sie auf diese Weise aufeinander eingehen, entsteht wieder Beziehung zwischen den beiden, eine Beziehung »wie ein rohes Ei«, mit der die Partner vorsichtig umgehen. Sie bleiben zusammen, aber ihre Beziehung hat sich verändert.

Neuer Name/Verhalten. »Anscheinend«, sagt der Mann später beim Abschluss der Beratung, »kann man doch nicht so sehr eins sein, wie wir es uns gewünscht haben. Anscheinend bleibt man immer zwei.« Hier zeigt sich der neue Name der Beziehung im Wandel von einer »symbiotischen« zu einer »differenzierteren« Beziehung. Die Partner haben ihre Paaridentität der Entwicklung angepasst.

Man muss sich fragen, ob diese Entwicklung krisenfrei möglich gewesen wäre. Wie hätte der Mann auf den Satz »Und was ist mit mir?« stoßen können, ohne sich innerlich von der Beziehung abzuwenden und sich im Verlieben die Möglichkeit einer Beziehungsalternative vor Augen zu führen? Gar nicht, wage ich zu behaupten. Die Entwicklung war sinnvoll, die Beziehungsvorstellung der Partner hat sich in ihrer Folge verändert.

VERGEBLICHE LÖSUNG UND ENDLOSE BEWÄLTIGUNG

Krisen bedürfen der Bewältigung, so viel steht fest. Allerdings ist es ein Irrtum zu glauben, alltägliche Beziehungsprobleme müssten in jedem Fall oder irgendwann einmal endgültig gelöst werden. Probleme können ebenso immer wieder bewältigt werden, ohne endgültig zu verschwinden.

Manche Probleme lassen sich nämlich auch so deuten, dass ihre Aufgabe nicht in einer Veränderung besteht, sondern in der Bestätigung der Paaridentität. Die betreffenden Paare bleiben dann zusammen, nicht trotzdem, sondern gerade weil sie Probleme miteinander haben, die sie mit dem Partner und mit niemand anderem verbinden. Der Versuch der Problemlösung kann dann einen stabilisierenden Effekt entfalten.

Dauerhafte Beziehungen haben dauerhafte Probleme, Konflikte und Themen. Sich einen dauerhaften Partner auszusuchen heißt, sich ein paar dauerhafte Probleme aussuchen. Entscheidend ist, in welcher Gefühlslage Paare ihre Dauerprobleme *nicht* lösen: Verletzt/verletzend, traurig und niedergeschlagen, zornig und verächtlich oder mit Zuneigung, Respekt und vor allem humorvoll.[33]

Wenn eine Beziehungsvorstellung »Zusammenhalten« oder »Miteinander alt werden« beinhaltet und die Bereitschaft hervorruft, gemeinsam durch dick und dünn zu gehen, können auch schwierige Zeiten eine Beziehung nicht so leicht zerstören. Bewältigen heißt dann, durchhalten, durchgehen, durchmachen, und dadurch fester zusammenhalten. Gefährdung wird Anlass zum Näherrücken, und je mehr Gefährdungen eine Beziehung übersteht, desto einzigartiger wird sie erlebt. Das funktioniert zumindest, solange die Gefährdungen ein erträgliches Maß nicht überschreiten.

Entgegen verbreiteter Vorstellung und moderner Beziehungsratgeber müssen Paare also nicht alle Liebesprobleme miteinander lösen, sondern nur die unerträglichen. Es genügt, so drückt es Arnold Retzer aus, wenn Partner sich ertragen, und das scheint möglich zu sein, solange sie sich lieben.

Einander zu ertragen ist allerdings nicht jedem Paar möglich und scheint jungen Paaren zunehmend unmöglicher zu werden, weil Partner heute an erster Stelle nicht Dauer, sondern eine hohe Qualität von ihrer Beziehung erwarten. Vielleicht werden diese jungen Paare, deren bevorzugte Beziehungsform heute die serielle Beziehung darstellt[34], wenn sie älter werden, ihre Ansprüche umstellen, ihre Beziehungen von allzu hohem Qualitätsdruck befreien und auf die Erwartung von Dauer umstellen.

Damit möchte ich das Thema Paarbeziehung abschließen. Es dürfte deutlich geworden sein, dass auch in Beziehungen Störungen nicht nur unvermeidlich, sondern notwendig sind, um sie auf Dauer erhalten zu können. Und natürlich kann die Bewältigung einer Beziehungsstörung auch in dem Entschluss münden, sie aufzulösen. Schließlich ist es allemal besser, sich von einer quälenden Beziehung zu befreien als sie um jeden Preis zu ertragen.

KAPITEL 4
VERÄNDERUNG IM GESELLSCHAFTLICHEN BEREICH

In diesem Kapitel möchte ich mich dem Thema Veränderung auf gesellschaftlicher Ebene zuwenden. Auch dabei werden sich ungewohnte Perspektiven eröffnen.

Gesellschaft ist eine Vorstellung.

DAS KOMMUNIKATIONSSYSTEM GESELLSCHAFT

Eine Beziehung, das ist im vorherigen Kapitel deutlich geworden, bildet sich aufgrund der Vorstellung zweier Menschen, zusammenzugehören. Indem sie »Wir« zu ihrer Beziehung sagen, entsteht diese als abgegrenzte Welt. Man kann daher sagen, eine Beziehung sei nichts weiter als eine Vorstellung, die sich in der Paaridentität manifestiert, in dem Namen, den eine Beziehung erhält. Diese Vorstellung, zusammenzugehören, ermöglicht verbale und nonverbale Kommunikationen von Liebe und Intimität.

DIE GESELLSCHAFT ALS VORSTELLUNG

Ähnlich verhält es sich bei der Gesellschaft. Auch eine Gesellschaft ist im Grunde nichts weiter als eine Vorstellung. Eine Gesellschaft entsteht allein durch die Vorstellung zahlreicher Menschen, zu ihr zu gehören und durch die aufgrund dieser Vorstellung stattfindenden Kommunikation.

Gesellschaften sind reine Kommunikationssysteme. Man kann die Gesellschaft nicht anfassen, nicht zeigen, nicht berühren, nicht einmal sehen, sie existiert nur in der Vorstellung.

Allerdings darf man sich gesellschaftliche Kommunikation ebenfalls nicht allein als verbalen Austausch vorstellen. Sie besteht aus wesentlich mehr, beispielsweise aus Entscheidungen, Handlungen, religiösen oder kulturellen Praktiken usw. All das findet im Rahmen der kommunikativen Einheit von Mitteilung/Information/Verstehen statt, der wir auch schon in Beziehungen begegnet sind.

Niklas Luhmann, von dem die Sichtweise der Gesellschaft als einer Vorstellung stammt, betrachtet Gesellschaft sogar noch spezifischer als die Vorstellung, dass jede Kommunikation eine Fortsetzung finden kann. Daher, so fasst Dirk Baecker die Sicht des verstorbenen Luhmann zusammen, »kommuniziert eine Gesellschaft nichts anderes als die Möglichkeit der Kommunikation«.

Eine Gesellschaft ist demnach nichts Festes, nichts Greifbares, kein »Organismus« und kein Ding, sondern eher etwas Flüssiges, eben Kommunikation, die zwischen den Menschen, Gruppen und Institutionen fließt. Wenn es in der gesellschaftlichen Kommunikation irgendetwas Festes gibt, dann sind es die Erwartungen an die Kommunikation, was Dirk Baecker folgendermaßen ausdrückt:

Wenn man darüber (über die Gesellschaft als Vorstellung) hinausgehen will, kann man allenfalls sagen: Die Gesellschaft kommuniziert Bestimmtheit (eine Zahlung, eine politische Entscheidung, eine Liebeserklärung, eine wissenschaftliche Wahrheit, eine Glaubensaussage, ein Kunstwerk etc.) im Kontext von Unbestimmtheit, das heißt im Kontext der Frage, wie es weitergeht.[35]

Etwas lockerer ausgedrückt wäre Gesellschaft die Vorstellung, dass man irgendwo dazugehört und dass es irgendwie weitergeht, allein dadurch, dass man miteinander kommunizieren kann, weil man vergleichbare Erwartungen aufgebaut hat.

GIBT ES EIN GANZES DER GESELLSCHAFT?

Die Vorstellung von der Gesellschaft als etwas Flüssigem, als Fluss endloser Kommunikationen widerspricht dem Bild, das wir uns normalerweise von einer Gesellschaft machen. Landläufig stellt man sich unter einer Gesellschaft ein festes Gebilde vor, einen einheitlichen Organismus, ein aus Teilen zusammengesetztes Ganzes. Wir tun das, obwohl niemand, der die Gesellschaft beobachtet, solch ein Gebilde in seiner angeblichen Ganzheit zu beschreiben vermag.

Der Beobachter der Gesellschaft findet weder Ganzheit noch Einheit, er entdeckt lediglich Teile, die miteinander kommunizieren, und nur solange sie das tun, kann er sie entdecken. Gesellschaft ist daher, wie Dirk Baecker es ausdrückt »allenfalls selbst ein Teil unter Teilen, zu denen es kein Ganzes gibt, sondern die in einem ökologischen Verhältnis zueinander ohne Rekurs auf ein Supersystem stehen«. [36]

Die Gesellschaft lässt sich schon deshalb nicht als Ganzes beschreiben, weil man dazu alle ihre Kommunikationen beschreiben müsste, umfassend und gleichzeitig, und so etwas ist schlicht unmöglich. Wohin man auch schaut, man sieht nirgends ein Ganzes, sondern immer nur Teile.

DIE TEILE DER GESELLSCHAFT

Das gesellschaftliche System besteht aus vielen Subsystemen. Moderne Gesellschaften sind derart komplex, dass sich zur Bewältigung ihrer Funktion – der Kommunikation – eine Vielzahl spezifischer Funktionssysteme gebildet haben.

Solche Systeme sind beispielsweise das Wirtschaftssystem, das Erziehungssystem, das Rechtssystem, das Steuersystem, das Gesundheitssystem, das Militär, religiöse Systeme, Verwaltungen, das Wissenschaftssystem usw. und nicht zuletzt das politische System.

Je nach Grad ihrer Differenzierung lassen sich in einer Gesellschaft unendlich viele Systeme voneinander unterscheiden. Weniger entwickelte Gesellschaften sind nicht darauf angewiesen, derart viele Systeme auszudifferenzieren. So kann beispielsweise ein Stamm auf ein Steuersystem oder ein Schulsystem verzichten, hat aber ein einfaches politisches System (den Häuptling, den Stammesrat) oder ein einfaches Gesundheitssystem (den Schamanen).

DIE GESCHLOSSENHEIT DER SUBSYSTEME

Eine Gesellschaft wie unsere, die die Kommunikation von 82 Millionen Menschen regeln muss, hat dagegen zahllose Funktionssysteme ausgebildet, in denen jeweils sehr spezifische Kommunikationen stattfinden und die dadurch voneinander abgegrenzt sind. Die wirtschaftliche Kommunikation (Entscheidungen, Zahlungen usw.) findet nur im Wirtschaftssystem statt, die erzieherische Kommunikation (Entscheidungen, Forschungen etc.) nur im Erziehungssystem und so weiter.

Ihre Geschlossenheit oder Abschottung voneinander ist Vorraussetzung dafür, dass diese Subsysteme funktionieren. Der Fachbegriff hierfür, dem wir schon beim psychischen System und der Beziehung begegnet sind, lautet *operative Geschlossenheit*.

Gesellschaftliche Subsysteme sind also nicht offen, sondern geschlossen. Daher lebt jedes gesellschaftliche Subsystem ein Eigenleben und nimmt auf andere Systeme keine Rücksicht. Es funktioniert aufgrund seiner eigenen Strukturen. Die verschiedenen gesellschaftlichen Systeme funktionieren ähnlich getrennt voneinander wie die Organismen auf dem Misthaufen, der weiter vorn als Beispiel diente.

Man kann das beispielsweise an Unternehmen veranschaulichen. Einer Aktiengesellschaft ist das politische System ziemlich gleichgültig. Sie funktioniert in einer Demokratie ebenso wie in einer Diktatur. Vergleichbares gilt für das Gesundheitssystem und andere Subsysteme.

Die gesellschaftlichen Subsysteme funktionieren isoliert voneinander und können sich nicht auf einen übergeordneten Rahmen oder ein sie umfassendes Gerüst beziehen. Kein einzelnes System kann das Ganze berühren, jedes System ist vorwiegend mit sich selbst beschäftigt, damit, seine eigene Funktion aufrechtzuerhalten. Auch die Politik und die Justiz machen dabei keine Ausnahme. Auch sie sind nur Teilsystem, die neben anderen Teilsystemen vorkommen.

KOPPLUNG DER TEILSYSTEME

Dennoch existieren diese Systeme nicht im luftleeren Raum. Vielmehr bilden sie füreinander Umwelten und sind, wie alle Systeme, durch strukturelle Kopplungen mit ihrer Umwelt verbunden.

Hier drängen sich Parallelen zu komplexen Organismen auf, etwa dem menschlichen Körper. Auch der menschliche Organismus verfügt über keinerlei zentrales Steuerungsorgan. Jedes seiner Subsysteme, beispielsweise die Organe, das Gehirn, die Immunabwehr, das Nervensystem etc. funktioniert operativ geschlossen und selbstbezogen aufgrund eigener Strukturen und Abläufe. Die Leber kann mit dem Gehirn keinen direkten Kontakt aufnehmen, die Haut nicht mit den Nieren, die Lunge nicht mit dem Immunsystem und so weiter.

Alle biologischen Systeme des Körpers können sich lediglich auf dem Weg ihrer strukturellen Kopplungen erreichen (stören), also über Botenstoffe. Durch diese Botenstoffe finden die zur Entwicklung des Organismus nötigen Störungen der einzelnen Systeme und in der Folge dieser Störungen die Abstimmung aufeinander statt.

Bei der Gesellschaft verhält es sich ähnlich. Nur findet die Kopplung der Subsysteme hier nicht über Botenstoffe, sondern über Bewusstsein statt. Die einzelnen gesellschaftlichen Systeme sind allein durch Bewusstsein aneinander gekoppelt. Soll etwas von einem System ins andere gelangen, muss es den engen Kanal oder die schmale Brücke des Bewusstseins passieren.

Wenn beispielsweise die Information »8 Millionen Arbeitslose« aus dem wirtschaftlichen System im Bewusstsein auftaucht, kann sie von dort aus das politische System stören und zu Entscheidungen veranlassen. Subsysteme können sich also auf dem Weg über Bewusstsein gegenseitig stören, und nur auf diesem Weg und keinem anderen.

KEINERLEI STEUERUNG

Dass die Gesellschaft nicht als »Ganzes« existiert und dass sich ihre Teile gegenseitig lediglich stören, aber nicht zielgerichtet beeinflussen lassen, bedeutet, dass es keine Steuerung der gesellschaftlichen Entwicklung gibt, schon gar keine zentrale Steuerung.

Die Gesellschaft als Ganzes funktioniert vergleichbar der Evolution. Sie ist ihr eigenes Werk, sie wird von niemandem entworfen und von niemandem gesteuert.

Es gibt keinen Plan zur Gestaltung der Gesellschaft, nicht einmal eine vorgegebene Richtung, sondern nur Ausdifferenzierung aufgrund gegenseitiger Einflüsse der verschiedenen Subsysteme.

Diese Vorstellung einer sich planlos entwickelnden Gesellschaft mag unbehaglich anmuten. Wer dagegen meint, die Gesellschaft würde sich nach einem ihr innewohnenden Plan entwickeln, der auf Fortschritt und Verbesserung hinausläuft, müsste diesen Fortschritt und die angebliche Verbesserung nachvollziehbar beschreiben. Wie sollte er das tun vor dem Hintergrund von jährlich Millionen Kriegstoten, riesigen Hungersnöten, ausferndem Terrorismus, Irak-Krieg, militärischer Aufrüstung, neuer Blockbildung, religiösen Spannungen und all den anderen Unwägbarkeiten?

Gesellschaftliche Entwicklungen steuern zu können würde einen Überblick erfordern, über den keines der gesellschaftlichen Systeme, nicht einmal das politische System, verfügt. Denn das politische System ist selbst nichts anderes als ein Subsystem, ein funktional geschlossenes System, das seinen eigenen Regeln folgt, wobei es gleichgültig ist, ob es sich um ein demokratisches oder diktatorisches System handelt.

Politik ist wie alle Systeme selbstbezogen und umweltblind, sie trifft lediglich Entscheidungen, zu denen sie von anderen Systemen aufgrund von Störungen veranlasst wird.

Die Vorstellung, Politik könnte die Zukunft gestalten, trifft daher nicht zu. Politik dient lediglich dem Versuch, Entwicklungen zu beeinflussen, die stattfinden oder auf jene zu reagieren, die bereits stattgefunden haben.

Die Vorstellung, die zahlreichen Subsysteme einer Gesellschaft wären steuerbar, die Auswirkungen von politischen Einwirkungen voraussehbar, von großen Männern oder großen Ideen oder irgendetwas Übergeordnetem, ist schlicht absurd. Das gilt schon für kleine Systeme wie Staaten und natürlich erst recht für das große gesellschaftliche System der gesamten Menschheit. Wer möchte nach einem Blick auf die gegenwärtige Weltlage den Glauben an Steuerung aufrechterhalten? Wohin man schaut, sieht man Unerwartetes, das völlig überraschend aus dem Nichtwissen auftaucht und die Welt durcheinander wirbelt.

Was ist beispielsweise in dem kurzen Zeitraum seit dem Ende des Kalten Krieges an Unvorhersehbarem und nicht Steuerbarem aufgetaucht? Beispielsweise der Balkankrieg, der Zerfall der UdSSR, der Kampf ums Öl, Terrorismus als weltweites Phänomen, Bürgerkriege und Völkermord in Afrika, die Irak-Kriege. Daneben existieren ein paar weitere, kleinere Unwägbarkeiten, beispielsweise der Aufstieg Chinas, Indiens und Pakistans zu Atommächten, Überbevölkerung, Unterernährung, Aids-Epidemien in unvorstellbarem Ausmaß, Überalterung und und und. Was wird sich morgen unerwartet zeigen? Ein Atomkrieg? Eine weltweite Seuche ungeahnten Ausmaßes? Von Steuerung mag man da nicht sprechen, allenfalls von Korrekturbemühungen.

Auch dieses Steuerungsproblem der Gesellschaft ergibt sich aus der operativen Geschlossenheit ihrer Systeme. Was gesellschaftliche Systeme tun und wie sie sich verhalten, kann von anderen Systemen nämlich nicht vorausgesagt und deshalb auch nicht zielgerichtet beeinflusst werden.

Es gibt keine Möglichkeit, die Auswirkungen des Verhaltens eines Subsystems auf andere Subsysteme zu bestimmen.

Das erklärt die Vergeblichkeit der Steuerungsversuche, die beispielsweise von der Politik unternommen werden. Trotz aller gegenteiligen Behauptungen können die Auswirkungen von Gesetzen, sozialen und wirtschaftlichen Entwicklungen auf einzelne Subsysteme nicht prognostiziert werden, nicht auf kurze Sicht, und auf lange Sicht schon gar nicht. Ansonsten wäre die Börse tatsächlich ein Selbstbedienungsmarkt und die Welt wäre längst ein friedvoller Ort geworden.

Steuerung ist eine Illusion. Man kann bestenfalls von *Versuchen der Steuerung* sprechen. Mehr ist nicht drin. Alles andere bleibt der Bewältigung des Scheiterns überlassen.

HALTEN WERTE DIE GESELLSCHAFT ZUSAMMEN?

Eine Gesellschaft ist nicht steuerbar, und sie folgt keinem Entwicklungsplan. Das ist schon starker Tobak, für die meisten zumindest. Aber es kommt noch besser.

Die gesellschaftliche Entwicklung beruht nämlich auch nicht, wie gern behauptet wird, auf gemeinsam praktizierten Werten, beispielsweise auf der Orientierung an Werten wie Menschlichkeit, Brüderlichkeit, Gleichheit, Freiheit usw. Auch diese Werte entpuppen sich bei genauer Betrachtung lediglich als Vorstellungen, die (nur) unter bestimmten Umständen zum Tragen kommen:

Werte wirken, solange man sie nur unterstellt und nicht belastet. Denn wenn man sie belastet, stellt man fest, dass sie im Widerspruch zu anderen Werten stehen. Freiheit, Gleichheit und Brüderlichkeit kann man nun mal nicht alle drei gleichermaßen realisieren. Wenn der eine Wert gilt, kann der andere nicht gelten. Deswegen unterstellt man sich entsprechende Werte bei Bedarf stillschweigend und beobachtet entsetzt, wie sie ruiniert werden, wenn man sie ausspricht oder gar fordert.[37]

Diese Aussage von Dirk Baecker weist auf zweierlei hin: Werte stehen im Widerspruch zueinander und sie wirken, wenn sie lediglich unterstellt, aber nicht belastet werden. Solch einen Widerspruch präsentieren beispielsweise die Werte Freiheit und Gleichheit. Wenn jeder frei ist, kann er machen, was er will. Je mehr er das aber tut, desto ungleicher wird er von anderen. Der eine fährt dicke Autos, der andere hat eine Familie, frei mögen beide sein, aber bestimmt nicht gleich, und brüderlich schon gar nicht.

Der zweite Hinweis deutet darauf, dass Werte einander nur bei Bedarf unterstellt werden. Solch ein Bedarf besteht beispielsweise in der Notwendigkeit, über eine gemeinsame Vorstellungswelt zu verfügen, also über gemeinsame Werte, über die man sich auseinander setzen kann. Die Auseinandersetzung über die sich gegenseitig unterstellten, aber dennoch nicht voneinander einforderbaren Werte hält die Kommunikation aufrecht.

Für eine Reproduktion eines sozialen Systems braucht man aber den Kommunikationsanreiz der Probleme. Deshalb muss es auch hinreichend viele reproduzierbare Probleme geben. Unlösbare Probleme par excellence heißen heute ›Werte‹.[38]

Dass Werte tatsächlich nicht eingefordert werden können, zeigen die Differenzen in ihrer Auslegung und Umsetzung.

Der britische Premier Blair beispielsweise bezeichnet die Mörder einer britischen Geisel als »Leute ohne jede Menschlichkeit«. Tausende irakische Zivilisten durch amerikanische und britische Soldaten töten zu lassen, erscheint ihm keineswegs unmenschlich. Für die ehemalige US-Außenministerin Marlene Albright waren 500 000 verhungerte irakische Kinder ein »akzeptabler Preis« für die von den USA veranlasste UN-Blockade. George Bush jr. versteht unter Freiheit nur die Freiheit amerikanischer Bürger, sperrt völlig willkürlich als

Gegner identifizierte Menschen auf Guantanamo ein und verweigert ihnen jahrelang jegliche demokratischen Rechte. Selbstverständlich behaupten die politischen Gegner das Gleiche. Auch für sie ist der Feind unmenschlich, barbarisch, ungläubig etc. Und sogar innerhalb von Gesellschaften werden Werte je nach Bedarf ausgepackt und eingepackt oder unterschiedlich interpretiert, wie man am Streit der Parteien beobachten kann.

Eine Gesellschaft wird also nicht durch Werte zusammengehalten, sondern allein durch Kommunikation, und nicht zuletzt durch die endlose Kommunikation über Werte.

DIE UMWELT DER GESELLSCHAFT

Dass die Kommunikation einer Gesellschaft nicht steuerbar ist, bedeutet jedoch nicht, sie fände unabhängig von ihrer Umwelt statt. Die Umwelt der Gesellschaft wirkt selbstverständlich auf sie ein. Was gehört zu dieser Umwelt und wie wirkt sie auf die Kommunikation ein?

Die Innenseite der Form Gesellschaft und ihrer jeweiligen Subsysteme ist durch Kommunikation geprägt, durch Entscheidungen, Handlungen usw. In der Gesellschaft findet Kommunikation und nichts anderes statt. Auf ihrer Außenseite, in der Umwelt der Gesellschaft, läuft alles nicht Kommunizierte und nicht Kommunizierbare ab.

Dazu gehört das Individuum als psychisches System, als Bewusstseinssystem. Psychische Systeme können nicht kommunizieren, sondern lediglich wahrnehmen. Deshalb gehört das Individuum zur Umwelt der Gesellschaft. Das ergibt sich schon daraus, dass die Gesellschaft nicht die Summe der Individuen ist, sondern die Kommunikation der Individuen.

Zur Umwelt der Gesellschaft gehören zudem die Natur,

also die organische, chemische und physikalische Welt, die sich durch klimatische Bedingungen und Naturereignisse bemerkbar macht.

Zur Umwelt der Gesellschaft, die als Vorstellung selbst ja nur »Teil unter Teilen« ist, also selbst ein Subsystem darstellt, gehören zudem alle anderen Subsysteme. Wirtschaft, Rechtssystem, Politik, Militär usw. stellen füreinander Umwelten dar. Das heißt, sie sind in der Lage, sich gegenseitig zu stören und zu Veränderungen anzustoßen.

GESELLSCHAFTLICHE IDENTITÄT

Die Gesellschaft ist, das dürfte so weit erläutert sein, eine Vorstellung von Gemeinsamkeit. Dabei ist »unsere Gesellschaft« lediglich ein Oberbegriff, vergleichbar dem »Ich«, in dem ein Individuum eine Vorstellung von sich entwickelt, oder vergleichbar dem »Wir«, in dem ein Paar eine Vorstellung seiner Beziehung entwickelt.

Die Vorstellung »unsere Gesellschaft« schafft die Identität, die Hülle, durch welche die gesellschaftliche Kommunikation zusammengehalten und fortgeführt wird.

Bricht man den Oberbegriff herunter, tauchen konkrete Namen auf, die eine Gesellschaft sich gibt. Solche Namen lauten beispielsweise »soziale Marktwirtschaft«, »moderne Gesellschaft«, »islamisches Reich«, »freie Gesellschaft«, »multikulturelle Gesellschaft«, »demokratische Gesellschaft« oder wie auch immer.

Woher stammen diese Namen, woher die damit verbundene gesellschaftliche Identität? Aus der Selbstbeobachtung der Gesellschaft. Eine Gesellschaft beobachtet sich selbst, und aus dieser Beobachtung ergibt sich ihr Name.

ÖFFENTLICHKEIT

Wie aber beobachtet und beschreibt die Gesellschaft sich selbst, also ihre Kommunikation? Sie macht das mit Hilfe des Mediums der Öffentlichkeit. Die Öffentlichkeit als »eine Form und ein Medium der Selbstbeschreibung der Gesellschaft« (Dirk Baecker) hat deshalb einen hohen Stellenwert für gesellschaftliche Entwicklungen, da die Gesellschaft »in Nachrichten, in Gerüchten, in Meinungen, aber auch in der Form von Unterhaltung und Werbung über sich selbst«[39] berichtet.

Auf dem Weg über die Öffentlichkeit gelangen Vorgänge ins Bewusstsein der Menschen. Was nicht auf einem dieser Wege – über Gerüchte, Meinungen, Unterhaltung, Werbung, Nachrichten – in die Öffentlichkeit gelangt, kann auch nicht Gegenstand gesellschaftlicher Kommunikation und Selbstbeschreibung werden, weil es im Bewusstsein der an der Kommunikation beteiligten psychischen Systeme nicht vorkommt. Man weiß einfach nichts davon. Erinnern wir uns: Alles, was kommuniziert wird, muss vorher im Bewusstsein enthalten sein. Anders ausgedrückt: Kommunikationssysteme sind durch Bewusstsein an ihre Umgebung gekoppelt.

Diese Kopplung von Kommunikation an Bewusstsein hat weit reichende Konsequenzen.

Es spielt für die Kommunikation einer Gesellschaft keine Rolle, was in der Welt tatsächlich passiert. Es spielt lediglich eine Rolle, was in der Öffentlichkeit auftaucht.

Tausende tote Zivilisten in den modernen Präzisionskriegen sind völlig unwichtig, solange ihr Sterben nicht in den Massenmedien und nicht in Gerüchten und Nachrichten vorkommt. Deshalb lässt das US-Militär nur »saubere« Kriegsbilder übertragen. Den toten amerikanischen Soldaten und den unzähligen Verstümmelten bleibt der Weg in die Nachrichtensendungen und damit ins Bewusstsein der meisten Zuschauer versperrt. Vergleichbares lässt sich in unserer Gesellschaft finden. 400 000 Obdachlose spielen in der deutschen Gesellschaft gegenwärtig keine große Rolle und können die Vorstellung, in einer »sozialen Gesellschaft« zu leben, kaum anfechten.

Die Erde könnte vor einem ökologischen Kollaps stehen, und vielleicht tut sie das bereits, aber solange darüber nichts berichtet wird, spielt das für das Verhalten der Gesellschaft keine Rolle. Warum wird darüber nichts berichtet? Entweder, weil einzelne Systeme die Veröffentlichung oder Verbreitung dieser Fakten verhindern, oder weil sie noch keinem der Systeme aufgefallen sind.

Vor kurzem haben sich vierzehn europäische Umweltminister einer Blutuntersuchung unterzogen. Insgesamt wurden im Blut der Politiker 55 Chemikalien gefunden, die dort nicht hineingehören, darunter DDT und PCB. Die Zeitung berichtet, dass 99 % der 30 000 gegenwärtig im Umlauf befindlichen Chemikalien nicht auf ihre Folgen für den Organismus untersucht sind. Die Minister bewerteten die Ergebnisse als »schockierend«.[40] Dennoch – solange diese Fakten nicht über die Öffentlichkeit ins Bewusstsein einer großen Anzahl von Menschen gelangen, lösen sie in der gesellschaftlichen Kommunikation nichts aus.

Wie man sieht, gelangt nicht alles in die Öffentlichkeit, was sich in den zahlreichen gesellschaftlichen Subsystemen oder in der Natur und erst recht in den Psychen abspielt. Deshalb ist die Identität, die Vorstellung, die sich die Gesellschaft von sich selbst macht, notwendigerweise unvollständig. Sie ist ebenso unvollständig wie die individuelle Identität oder die Paaridentität.

ERWARTUNGEN AN DIE GESELLSCHAFT

Dennoch braucht die Gesellschaft eine Identität – eine gemeinsame Vorstellung –, um den Eindruck der Einheit und Geschlossenheit zu schaffen und zu bewahren. Denn auch wenn sie unvollständig ist, vermittelt Identität eine unerlässlich notwendige Orientierung.

Identität würde hier funktionell bedeuten, dass eine Gesellschaft sich mit Blick auf diese Identität in gewisser Weise für geordnet hält, das heißt einschränkt, (man weiß) womit man legitimer Weise rechnen darf und womit nicht.[41]

Damit liegt – wie beim Individuum – auch in der Gesellschaft der Zusammenhang von Identität und Erwartung auf der Hand. Identität vermittelt Handlungsanweisungen und macht Verhalten berechenbar. Als Demokrat weiß man, womit man zu rechnen hat und womit nicht unbedingt. Schließlich erwartet man in einer demokratischen Gesellschaft eine andere Behandlung (Kommunikation) als in einer diktatorischen, in einer sozialen Gesellschaft eine andere Behandlung als in einer feudalen. Eine Identität schafft also bestimmte Erwartungen, die erfüllt oder enttäuscht werden können.

Damit sind wir beim Kern des gesellschaftlichen Scheiterns angelangt: beim Bruch von Erwartungen. Das, womit man rechnen darf, bleibt aus, und das, womit man nicht rechnet, tritt ein.

Das betrifft jedes Subsystem. Es finden permanent Angriffe auf die gesellschaftliche Identität statt, auf die Vorstellung von Gemeinsamkeit und Zusammengehörigkeit.

Gesellschaftliche Kommunikation ist störanfällig.

ANGRIFFE AUF DIE GESELLSCHAFTLICHE IDENTITÄT

Die Identität der Gesellschaft fußt – wie die individuelle Identität und die Paaridentität – auf einer unvollständigen Selbstbeschreibung, und deshalb gibt es immer jede Menge Nichtwissen, also »Nichtbeschriebenes« oder »Nichterwartetes«, das in der Lage ist, diese Identität anzugreifen und den Zustand der Gesellschaft zu stören, wenn es den Weg ins Bewusstsein findet und wahrgenommen wird. Das gesellschaftliche Scheitern, die Störung der Erwartung, ist demnach garantiert.

Das Störende kann nur auf einem Weg, dem Weg über Bewusstsein, von einem Subsystem in ein anders Subsystem gelangen. Nur »Bewusstsein ... hat die privilegierte Position, Kommunikation stören, reizen, irritieren zu können«, so Niklas Luhmann.[42]

Das Störende muss also einen Weg in die Öffentlichkeit finden und in Gerüchten, Werbung, Unterhaltung, Nachrichten, am besten in den Medien auftauchen und sich von dort aus ins Bewusstsein bewegen.

Gelangen Bilder tausender verstümmelter amerikanischer Soldaten in die Öffentlichkeit und setzten sie sich dort gegen andere Nachrichten durch, werden sie die Kommunikation der Gesellschaft beeinflussen. Dann besteht die Chance, die Vorstellung, einer »unbesiegbaren Gesellschaft« anzugehören, zu stören, einer Identität, an der die USA massiv leiden.

Nicht umsonst geben sich Regierungen aller Parteien hierzulande größte Mühe, die wahre Zahl der Arbeitslosen statistisch zu verschleiern. Acht Millionen Arbeitslose finden mehr Aufmerksamkeit als fünf Millionen. Sobald die wahren Zahlen Gegenstand von Kommunikation werden, können sie die Vorstellung, einer »sozialen Gesellschaft« anzugehören, angreifen und Reaktionen auslösen.

Streiks, Wirtschaftsdaten, Korruptionsfälle, Gerichtsurteile, Unruhen, Gewinnwarnungen, Seuchenmeldungen, Börsennachrichten etc., was immer ins Bewusstsein gerät, kann Störungen in der Kommunikation hervorrufen, auf die gesellschaftliche Subsysteme dann auf eine Weise reagieren, die in anderen Subsystemen Veränderungsbedarf auslöst.

Kommunikation ist also äußerst störanfällig und ein entsprechender Störfall weist darauf hin, dass die gesellschaftliche Identität der Veränderung bedarf.

Deshalb lässt sich zusammenfassend feststellen, dass auch die Gesellschaft unvermeidbar darauf angewiesen ist, Irritationen, Störungen und Krisen zu bewältigen und im Laufe dieses Bewältigungsprozesses eine andere Vorstellung von sich, eine andere Identität, zu entwickeln.

Gesellschaftliche Entwicklung ist nichts anderes als eine Geschichte permanenter Störungsbewältigung.

Konflikte stellen eine Sinnsuche im gesellschaftlichen System dar.

BEWÄLTIGUNG GESELLSCHAFTLICHER STÖRUNGEN

Bewältigung gesellschaftlicher Störungen bedeutet, wie ich ausgeführt habe, keinesfalls, das Steuer zu übernehmen. *Es gibt kein Steuer für gesellschaftliche Entwicklungen,* ebenso wenig wie es eines für individuelle Entwicklungen oder Entwicklungen von Beziehungen gibt.

Passender ist es, statt von Steuerung von Versuchen einer Gegensteuerung gegen bereits hervorgetretene, unumkehrbare Entwicklungen zu sprechen. Die Versuche einer solchen Gegensteuerung reichen von hektischen Kurskorrekturen bis zu bestmöglichen Antworten auf unerwartete Situationen.

Bewältigung im gesellschaftlichen Bereich bedeutet, bestmöglich zu reagieren, wobei die Auswirkungen dieser Reaktionen nicht berechenbar sind. Deshalb geraten die Lösungen von jetzt zwangsläufig zu den Störungen von gleich.

Keine Lösung kann im gesellschaftlichen Umfeld lange Bestand haben, denn jedes Subsystem stört das andere beständig. Deshalb ist Störung der gesellschaftliche Normalzustand, und Gesellschaften entwickeln sich entlang einer unendlichen Kette von Störungsbewältigungen, wie gut oder schlecht diese auch immer verlaufen.

Die vier Stufen der Bewältigung lassen sich auch auf gesellschaftliche Entwicklungen anwenden, ohne dass ich hier detailliert auf das Thema eingehen möchte.

Störung anerkennen. Das und wie Störendes den Weg ins Bewusstsein finden muss, habe ich beschrieben. Ist ihm das gelungen und wendet sich die Kommunikation dem zu, ist die Störung erkannt.

Einen Sinn finden. Eine Störung wird auch im gesellschaftlichen System bewältigt, indem ein Sinn darin gefunden wird. Der Sinn einer kommunikativen Störung liegt darin, die Kommunikation auf einen Gegenstand, eine Sache, ein Thema, eine Interessengruppe oder eine Dringlichkeit zu lenken. Geschieht das, bricht ein Konflikt zwischen den beteiligten Systemen aus. Daher kann man Konflikte als den Sinn einer gesellschaftlichen Störung begreifen, sowohl moderate Konflikte, die über Diskussionen zum Konsens finden, als auch ausufernde Konflikte, die den Weg über Streit oder gewaltsame Auseinandersetzungen nehmen.

In jedem Fall ist diese Sinnsuche eine Suche nach der Anschlussmöglichkeit der Kommunikation, danach, wie es weitergehen kann.

Ein neuer Name/Verhalten. Der Konflikt wird gelöst, indem die Störung entsprechend berücksichtigt und damit in die gesellschaftliche Identität eingebaut wird. Aus der »kapitalistischen« Gesellschaft wird durch Revolutionen und Aufstände eine »sozialmarktwirtschaftliche« Gesellschaft, die »feudale« Gesellschaft verwandelt sich in eine »demokratische« Gesellschaft usw. In einem kleineren Maßstab wird ein Gesetz erlassen oder abgeschafft, eine Subvention gewährt oder gestrichen usw.

Mit dem neuen Namen verändert sich auch die Kommunikation in der Gesellschaft, weil sich die Erwartungen ändern.

Von einer Demokratie erwartet man wie gesagt etwas anderes als von einer Diktatur.

WENN GESELLSCHAFTEN UNTERGEHEN

Wenn es nicht gelingt, Sinn und kommunikative Anschlüsse in einer gesellschaftlichen Entwicklung zu finden, geht eine Gesellschaft unter. Dafür haben die sozialistischen Gesellschaften ein Beispiel geliefert. Sie gingen unter, weil sich die Identität »sozialistische Gesellschaft« auflöste, schlicht deshalb, weil dieser Vorstellung die Anhänger davonliefen.

Das Beispiel eignet sich hervorragend, um die Gesellschaft als reine Vorstellung zu erläutern. Irgendwann konnte sich kaum jemand noch länger vorstellen, zu dieser Gesellschaft zu gehören. »Stell dir vor, es ist Krieg, und keiner geht hin« – dieser Slogan der 68er-Generation weist darauf hin, wie Anschlussfähigkeit in der Kommunikation unterbrochen werden kann. Man tut das Unerwartete oder unterlässt das Erwartete. Damit die DDR zusammenbrach, war es lediglich nötig, nicht mehr mitzumachen. Ähnliches könnte eines Tages dem politischen System der Stellvertreter-Demokratie blühen. Die Menschen gehen einfach nicht mehr zur Wahl. Wie es dann weitergeht, darauf könnte man gespannt sein.

Aus der Darstellung gesellschaftlicher Veränderungen ergeben sich für mich zwei wesentliche Erkenntnisse. Erstens: Scheitern und Konflikte sind im gesellschaftlichen Bereich ebenso notwendig wie im individuellen und partnerschaftlichen. Zweitens: Auch die Politik kann die Gesellschaft nicht steuern, schon gar nicht vorausschauend, da sie nur eines von vielen Subsystemen bildet.

Damit halte ich das Thema Veränderung der Gesellschaft

für ausreichend geschildert. Weiter darauf einzugehen, wie gesellschaftliche Subsysteme konkret ihre Bewältigung finden, wie gesellschaftliche Konflikte verlaufen, würde den Rahmen dieses Buches sprengen.

Ich möchte dennoch auf eine gegenwärtige Veränderung eingehen. Momentan erleben wir gerade den Beginn des Scheiterns einer gesellschaftlichen Identität, die jahrzehntelang Orientierung gab: der Vorstellung, einer »sozialen Marktwirtschaft« anzugehören. Von dieser Veränderung sind breite Teile der Bevölkerung betroffen, die verständlicherweise mit Sorge und Angst reagieren, aber um die Bewältigung der individuell sich ergebenden Situationen natürlich nicht herumkommen.

Lassen Sie mich daher noch einige Beispiele zur Bewältigung von Arbeitslosigkeit und Einkommensverlusten schildern.

Materiell reich – sozial arm?

VOM UNSINN DES WOHLSTANDES UND DEM SINN DER ARMUT

Die »Wohlstandsgesellschaft«, der Begriff steht für eine verbreitete Identität unserer Gesellschaft, befindet sich seit geraumer Zeit in der Krise.

Der Hintergrund dieser Krise, die auf einen nötigen Identitätswandel hinweist, ist schnell skizziert. Durch die globale Verlagerung industrieller und zunehmend auch intellektueller Arbeit von den reichen in arme Länder werden hierzulande immer mehr Menschen arbeitslos. Momentan gehen in Deutschland täglich etwa 2000 Arbeitsplätze verloren. Um die Höhe der steuerlichen Abgaben, die Verteilung staatlicher Einnahmen und die Ausstattung sozialer Netze findet seit geraumer Zeit ein Verteilungskampf zwischen verschiedenen gesellschaftlichen Gruppierungen und Klassen statt.

Einige Folgen dieses Verteilungskampfes lassen sich bereits absehen. Breite Schichten der Bevölkerung sind von Einkommensverlusten betroffen und werden, in materieller Hinsicht, zukünftig ärmer sein, wobei die Schere zwischen Reichen und Armen weiter auseinander klaffen wird. Erste Schritte zur Einschränkung der sozialen Absicherung sind getan, weitere werden folgen.

Arbeitslosigkeit ist kein Schicksal der Alten und Ungebildeten mehr, sie breitet sich zunehmend im gesellschaftlichen Mittelfeld und den gebildeten Schichten aus. Ingenieure, Wissenschaftler, Künstler, Ärzte und andere sind davon betroffen. Das alles bedeutet: Wesentlich mehr Menschen werden in Zukunft mit wesentlich weniger Geld und Wohlstand auskommen müssen.

Es liegt mir fern, diese Entwicklung zu bewerten. Interessanter erscheint mir die Frage, wie Betroffene die Einschränkungen eines gewohnten Lebensstandards bewältigen. Dazu möchte ich zunächst drei Beispiele aus der Praxis anführen, um später auf mögliche Vorteile oder Chancen dieser gesellschaftlichen Entwicklungen einzugehen.

DREI BEISPIELE WIRTSCHAFTLICHEN ABSTIEGS

Das erste Beispiel: Der Ernährer einer Familie mit zwei halbwüchsigen Kindern wird arbeitslos. Der Mann war Filialleiter einer Bank und ist im Zuge einer Bankenfusion freigesetzt worden. Die Familie hat nun weniger als die Hälfte des bisherigen Einkommens zur Verfügung, und nachdem die Abfindung des Mannes verbraucht ist, zeichnen sich weitere Einschränkungen ab.

Die Eltern rufen eine Familienkonferenz zusammen. Dort wird den Kindern die finanzielle Lage dargelegt. Die elf und vierzehn Jahre alten Kinder sind im heute üblichen Umfang verwöhnt, verfügen über eigene Handys und Taschengeld und halten jährliche Urlaubsreisen in den Süden für selbstverständlich. Sie reagieren auf die neue Lage mit der Frage: »Sind wir jetzt arm?« Die Eltern bestätigen dies, zumindest seien sie ärmer als zuvor.

Nun werden einige Entscheidungen gefällt. Das große Auto wird durch ein kleineres ersetzt. Urlaub ist bis auf weiteres gestrichen. Die Frau, die in den letzten 15 Jahren nicht gearbeitet hat, wird sich nach einem Minijob umsehen. Der Mann will weiterhin eine Stelle suchen und sich gleichzeitig als selbstständiger Vermögensberater versuchen. Auch die Kinder machen Vorschläge. Ihr Taschengeld wird auf ein Drittel gekürzt, der Junge bessert es auf, indem er Zeitungen austrägt, das Mädchen verdient sich etwas durch Pferdepflege im nahen Reiterhof dazu.

Das gewohnte Leben der Familie verändert sich. Das vorhandene Geld wird strikt eingeteilt. So steht für Lebensmittel nur eine begrenzte Summe zur Verfügung, an der sich Einkaufen und Kochen orientieren müssen. Was gekocht wird, darf nicht zu teuer sein. Pizza, Süßigkeiten und Fastfood kommen nicht mehr in den Einkaufskorb. Im Garten wird gepflanzt, die Kleidung wird länger getragen, anstatt von der Mutter kutschiert zu werden, kommt bei den Kindern das Fahrrad zum Einsatz.

Die neue Situation fordert alle Beteiligten. Zur Überraschung der Eltern zeigen sich die Kinder jedoch keineswegs niedergeschlagen, sondern recht engagiert. Sie erfahren die neue Situation als Möglichkeit, sich in die Familie einzubringen und übernehmen, im Rahmen ihrer Möglichkeiten, mehr Verantwortung als je zuvor.

Den Eltern fällt die Veränderung schwerer. Sie erleben ihre neue Lage als sozialen Abstieg, entdecken aber dennoch positive Aspekte darin. Nach einigen Monaten stellen sie fest, dass die Familie fester zusammengewachsen ist. Es werde mehr miteinander gesprochen, Mahlzeiten würden öfter gemeinsam eingenommen, die Arbeit im und am Haus gemeinsam erledigt. Sie fassen dies mit den Worten »Wir sind mehr eine Familie geworden« zusammen. Es gibt also durchaus positive Aspekte der Entwicklung.

Im zweiten Beispiel verliert ein 42-jähriger Computerfachmann seinen Job. Der seit einem Jahr allein erziehende Vater eines neunjährigen Jungen hat allerdings kaum Aussicht auf eine neue Arbeitsstelle in seinem Fachgebiet und versucht sich deshalb als selbstständiger Netzwerkeinrichter. Da er bisher nur wenige Aufträge ergattert, hat er viel freie Zeit zur Verfügung.

Auf dem Hintergrund des bisher recht hektisch verlaufenen Berufslebens genießt er den Luxus, öfter ausschlafen, lesen und kochen zu können. Besonders angetan zeigt er sich davon, viel Zeit mit seinem Sohn verbringen zu können. Er hilft ihm bei den Schulaufgaben, und nach einigen Wochen sitzen regelmäßig auch dessen Freunde zur Nachhilfe am Küchentisch.

Nach fast einem Jahr betrachtet der Mann seine Lage zwiespältig. Einerseits seien ihm materielle Sicherheiten und Spielräume genommen, andererseits freue er sich an der intensivierten Beziehung zu seinem Sohn, den er »gerade noch rechtzeitig« heranwachsen sehe. Vorteilhaft in seiner Situation empfände er die größere Muße, die in sein Leben eingekehrt sei, und die größere Lebendigkeit, die sich in der Wohnung breit mache. Mit den beruflichen Aufträgen, die einer Halbtagstätigkeit entsprächen, sei er einigermaßen zufrieden, mehr müsse es momentan gar nicht sein. Allerdings würde er langfristig gern wieder mehr verdienen. Halten wir fest, dass auch in dieser Entwicklung keineswegs nur Negatives festzustellen ist.

Das dritte Beispiel zeigt einen ebenfalls arbeitslos gewordenen 58-jährigen Handwerker, der kaum Aussicht auf eine neue Stelle hat und auch wenig Lust darauf verspürt. Nach einem halben Jahr hat er sich materiell auf die neue Lage eingestellt. Schwieriger gestaltet sich die Verwendung der vielen Zeit, die ihm nun zur Verfügung steht. Doch auch hier ergeben sich sinnvolle Möglichkeiten, aktiv zu bleiben.

Der Mann wohnt außerhalb der Stadt am Rande eines Dorfes und verfügt über eine recht große Weide und einen Teich. Beides macht er nun zu seinem Hobby. Im Teich richtet er eine kleine Fischzucht ein, auf die Weide kommen einige Schafe und ans Haus Ziegen und zwei kleine Schweine. Das neue Hobby fordert neues Wissen, beschert den Aufenthalt an der frischen Luft und bereitet dem Mann Freude. Er fühle sich manchmal wie im Urlaub, wo er sich auch meist mit einfachen und sinnlichen Dingen befasst habe. Ganz nebenbei habe sich über sein Hobby Kontakt zu anderen Züchtern ergeben. Abgesehen von materiellen Einschränkungen ist auch hier nicht von einer Verschlechterung der Lebensverhältnisse auszugehen.

MIT WENIGER WOHLSTAND KLARKOMMEN

Die Erfahrung, an Wohlstand zu verlieren, machen gegenwärtig Millionen Menschen in allen europäischen Staaten. Im Zuge dieser Entwicklung verlieren die Menschen ein gutes Stück materieller Sicherheit. Nicht einmal eine fundierte Ausbildung garantiert einen Arbeitsplatz, schon gar nicht auf lange Sicht. »Jung, qualifiziert, arbeitslos« trifft auf immer mehr Menschen zu, phasenweise oder dauerhaft. Dies wird sich auch nicht ändern, solange die Gesellschaft ihre Überschüsse vorwiegend an diejenigen verteilt, die über Arbeit oder Kapital verfügen.

Noch befassen sich Politiker, Medien und auch Wissenschaftler ausschließlich mit der Frage, wie diese Entwicklung umgekehrt werden kann, wie mehr Arbeit und mehr Wirtschaftsleistung zu erzielen sind. Die schlichte Tatsache, dass das Millionenheer der Arbeitslosen weiter wachsen wird, weil die Industrieproduktion in Billiglohnländer verlagert wird und zunehmend sogar hoch qualifizierte Leistungen wie beispielsweise Computerprogrammierung und Versicherungs- und Bankenverwaltung aus dem Ausland bezogen werden, mag kein Politiker aussprechen und kaum ein Betroffener hören.

Der beispiellose wirtschaftliche Aufstieg nach dem Zweiten Weltkrieg ist mit Börsencrash, Globalisierung und Zusammenbruch der New Economy zu Beginn des neuen Jahrtausends ein für alle Mal beendet. Es scheint »Schluss mit lustig« zu sein.

Statt sich in dieser Situation allein mit der Frage abzumühen, wie man Armut verhindert, kommt es nun auch darauf an, die Möglichkeiten dieser Entwicklung zu sehen und *sich damit zu befassen, wie man mit weniger Wohlstand klarkommt.* Dabei stellt sich zuerst die Frage, ob materieller Wohlstand tatsächlich eine Voraussetzung für ein zufriedenes oder gar glückliches Leben ist?

BEDEUTET WOHLSTAND GLÜCK?

Es kann nicht Zufall sein, dass ein Land wie Deutschland auf den jährlich erscheinenden Weltranglisten der glücklichsten Länder regelmäßig auf den hinteren Plätzen landet, während die vorderen Ränge von so armen Staaten wie beispielsweise Venezuela angeführt werden.

Obwohl sich das Pro-Kopf-Einkommen der westlichen Staaten in den letzten Jahrzehnten mehr als vervierfacht hat, bezeichnen die Menschen sich heute keineswegs als glücklicher, als sie das vor 40 oder 50 Jahren taten. Ganz im Gegenteil, statt glücklicher werden die Menschen mit wachsendem Wohlstand offensichtlich trübsinniger, was sich in einer hohen Selbstmordrate niederschlägt. Selbstmord ist in armen Ländern nahezu unbekannt.

Reichtum und Geld machen nicht glücklich – obwohl dieser Zusammenhang bekannt ist und als Binsenweisheit gelten kann, hat sich in den fetten Jahren niemand dafür interessiert. Jetzt, wo magere Jahre kommen, mag sich das ändern. Vielleicht werden die Menschen erkennen, dass Reichtum es sogar erschweren kann, Zufriedenheit und Glück zu erreichen.

Dass mehr Wohlstand nicht glücklicher macht, hängt mit dem Wesen des Glücks zusammen. Glück ist untrennbar an Wunscherfüllung gebunden.[43] Deshalb wachsen mit wachsendem Wohlstand zwar die Wünsche, nicht aber Glück und Zufriedenheit. Die Kluft zwischen Wunsch und Wirklichkeit bleibt also gleich, während gleichzeitig ständig Erwartungen enttäuscht werden – vor allem jene, die vom Wohlstand *mehr* Glück versprechen.

Um einem Kind hierzulande eine Freude zu machen, braucht es mindestens einen Gameboy oder ein Luxusfahrrad, besser noch einen Computer. In armen Ländern genügt für das gleiche Glück ein Schreibheft oder eine Jacke. Zudem fühlen sich die Menschen hierzulande immer weniger gefordert, werden träge und entwickeln ein unrealistisches Anspruchsdenken, das sich in unserer Jugend beispielhaft offenbart.

Parallel zu wachsendem Vermögen lässt sich in den modernen Gesellschaften beobachten, wie sich Menschen aus sozialen Bezügen lösen. Konzentriert auf Konsum und Besitz und die Entwicklung ihrer Individualität schotten sie sich zunehmend voneinander ab.

Dieser Mechanismus lässt sich am Beispiel der deutschen Wiedervereinigung erläutern. In den 17 Jahren, die seither vergangen sind, beklagt die Mehrzahl der Bewohner der ehemaligen DDR einen Verlust an Lebensqualität und zeigt sich mit den neu gewonnenen Lebensformen der demokratischen Gesellschaft teilweise unzufrieden. Diese Menschen haben zweifelsfrei einiges gewonnen, vor allem Freiheiten und Wohlstand. Sie haben aber auch einiges verloren. Ein Blick auf diese Verluste könnte sich lohnen, denn in fast jeder Umfrage zu diesem Thema taucht ein Schlagwort an erster Stelle auf: der Verlust des sozialen Zusammenhalts.

Tatsächlich muss man die DDR als Staat sehen, dessen politische und materielle Struktur beinah die ganze Bevölkerung in eine Art »Notgemeinschaft« drängte. Aufgrund ausgeprägter Mängel in der Produktion blühte der Tauschhandel und förderte ein umfangreiches Kontaktnetz. Nachbarn halfen sich gegenseitig und pflegten enge Kontakte, beispielsweise indem sie regelmäßig Feste feierten. Diese sozialen Strukturen lösten sich im Warenüberangebot der Nachwendezeit auf. Die Menschen brauchen einander weniger, die Zäune um die Häuser werden höher, die Abende vor dem Farbfernseher werden länger.

Die Menschen isolieren sich unter den veränderten Umständen zunehmend und kreiden ihre Isolation und die damit verbundene Unzufriedenheit nun dem demokratischen System an. Leichtfertig könnte man fordern, statt zu meckern sollten sie die vermisste soziale Nähe eben eigenverantwortlich herstellen. Doch damit täte man ihnen unrecht.

Soziale Nähe scheint eine Funktion wirtschaftlicher Verhältnisse und gesellschaftlicher Strukturen zu sein. Sie kommt aus einer Notwendigkeit, aus dem Brauchen, aus dem Aufeinanderangewiesensein, keineswegs aus dem freien Willen.

Im dörflichen Bereich ließ sich dieser Zusammenhalt zu Beginn des letzten Jahrhunderts noch beobachten. Weil die Menschen bei der Ernte und bei Notfällen aufeinander angewiesen waren, wurde Streit so weit als möglich vermieden. Wem das Haus abbrannte, der brauchte Nachbarn, die bereit waren, beim Löschen zu helfen. Brot wurde einmal wöchentlich im gemeinsam befeuerten Backhaus gebacken. Kontakte wurden auf Festen und Feiern gepflegt, die mit den gemeinsamen Tätigkeiten verbunden waren, etwa dem Erntedankfest.

Diese Bräuche und die damit verbundene soziale Nähe sind mittlerweile einem modernen Individualismus gewichen, der erst durch wirtschaftlichen Überfluss ermöglicht wurde.

Ich möchte nicht den Wert individueller Entwicklungen in Frage stellen. Aber ich möchte feststellen, dass es den weitaus meisten Menschen nicht zufrieden stellend gelingt, soziale Kontakte unabhängig von Notwendigkeiten zu organisieren. Soziale Kontakte sind aber unabdinglich für ein glückliches Leben.

Die Menschen in Venezuela und anderen armen Ländern bezeichnen sich als glücklicher, weil das Netz sozialer Kontakte dort dichter ist. Vom wachsenden Wohlstand ist ein Mehr an Sozialkontakt und menschliche Nähe nicht zu erwarten. Mehr Lebensqualität lässt sich voraussichtlich allein aus nichtmateriellen Lebensbereichen schöpfen.

Auch hierzulande gilt, das haben Untersuchungen gezeigt, je mehr soziale Kontakte eine Person hat und je besser sie diese bewertet, desto geringer ist die Zahl ihrer gesundheitlichen Beschwerden und desto besser kann sie Stress verarbeiten.

Das Gefühl, mit anderen Menschen verbunden zu sein, ist ein wesentlicher Faktor des Glücks und damit der Lebensqualität.

In der Sterbebegleitung erfahrene Menschen, beispielsweise Hospiz-Mitarbeiter oder Psychotherapeuten, können die Bedeutung vor allem sozialer, aber auch spiritueller Bezüge für das Glücksempfinden bestätigen. Angesichts des drohenden Todes verblasst alles Materielle, während Freundschaften, Liebe und Verbundenheit zur Natur und zum Leben an Bedeutung gewinnen. Daher fällt es Sterbenden leicht, die Dinge loszulassen, aber schwer, sich von menschlichen Beziehungen zu trennen.

Zusammenfassend lässt sich die Prognose wagen, dass unter zukünftigen Bedingungen geringeren Wohlstandes und größeren Aufeinanderangewiesenseins die soziale Nähe an Wert gewinnen wird.

REICHE ARME?

Aus dieser Perspektive heraus relativiert sich der Begriff der Armut. Wann soll man einen Menschen als arm bezeichnen? Wenn er materiell oder sozial arm ist? Welchen Wert hat eine Freundschaft? Eine Ehe? Ein schönes Fest?

Von einigen Wissenschaftlern wird der Wert einer guten Ehe mit 100 000 bis 200 000 Euro und der einer Freundschaft mit 25 000 bis 75 000 Euro bemessen. Liebe, Herzlichkeit, Freude, Tanzen, Singen, das alles hat einen beträchtlichen Wert. Was ist der Wert von Unmittelbarkeit? Was ist sinnliche Intensität wert? Würden die sozialen und spirituellen Reichtümer, die der materielle Mangel unter Umständen hervorbringen kann, in Euro umgerechnet, würde sich mancher Arme als wohlhabend erweisen.

Worauf läuft das hinaus? Ich will hier zeigen, dass eine Bewältigung schwindenden Wohlstandes möglich ist und wahrscheinlich auf die Entwicklung größerer sozialer Nähe und die positive Bewertung solcher Luxusgüter wie Zeit und Muße hinausläuft.

Das Scheitern der Wohlstandsgesellschaft muss nicht Scheitern des Glücks bedeuten, sondern kann das Glück vielleicht sogar näher bringen. Das gilt selbst dann, wenn die Entwicklung nicht freiwillig geschieht und große Befürchtungen und Ängste seitens der Betroffenen auslöst.

Man könnte statt von Angst auch von Unruhe und der Erregung des Lebens sprechen, womit ich zum letzten Kapitel des Buches komme.

KAPITEL 5
DIE ERREGUNG DES LEBENS

Im letzten Kapitel befasse ich mich mit den Folgen, die der Ausschluss des Chaos – des Nichtwissens – für jedes System – für jede Ordnung – hat.

Störung ist der Preis, zu dem Ordnung zu haben ist.

ERREGUNG UND UNRUHE

Dieses Buch geht der Frage nach, wie sich Veränderungen in den drei wichtigsten Lebensbereichen – im individuellen, partnerschaftlichen und gesellschaftlichen Bereich – vollziehen und welche Möglichkeiten der Bewältigung von Störungen sich ergeben. Lassen Sie mich die wichtigsten Erkenntnisse an dieser Stelle zusammenfassen.
- Veränderungen lassen sich als Übergänge der Ordnung eines Systems – einer Psyche, einer Beziehung, einer Gesellschaft – zu einer anderen Ordnung beschreiben.
- Die Vorstellungen, die sich ein System von seiner Ordnung macht, werden im Begriff der Identität zusammengefasst. In dieser Identität gibt sich das System einen Namen und erlebt sich darin als Einheit.
- Diese Identität hält die Illusion der Beständigkeit aufrecht, unabhängig von der Tatsache, dass sich die Umwelt eines Systems in ständiger Bewegung befindet.
- Das Leben eilt dem System ständig voraus. Es hat die Umweltbedingungen verändert, bevor diese Veränderungen vom System erkannt werden.
- Die Veränderungen der Umwelt lösen Störungen im

Zustand des Systems aus. Deshalb sind Veränderungen unvermeidbar von Unruhe, Irritation oder Krisen begleitet.
- Die Störung des eigenen Zustandes erzwingt die Chance des Bewältigtwerdenmüssens unvorhersehbarer Situationen und unerwarteter Entwicklungen.
- Dem Leben zu folgen erfordert nun, für das System – also für sich selbst, für die Beziehung oder für die Gesellschaft – einen neuen Namen und damit eine veränderte Vorstellung von sich zu finden.

LEBEN IST UNRUHE

Das Leben – die Organismen, der Mensch, die Beziehungen, die Gesellschaft –, so lässt sich das Thema Veränderung zusammenfassen, kommt nicht zur Ruhe.

Ein vorausschauendes, planendes und dadurch ruhiges, bequemes Leben existiert nicht, außer in der Fixierung an die Vorstellung, über eine feste Identität zu verfügen. Doch das Leben eilt den Vorstellungen, die sich Menschen von ihm machen, stetig voraus. Uns bleibt nichts anderes übrig, als ihm etappenweise zu folgen.

Die Vorstellungen vom »richtigen« Leben, der »gesunden« Beziehung, der »konfliktfreien« Gesellschaft, vom störungsfreien Leben, all diese modernen Konzepte der Machbarkeit, ergeben keinen Sinn. Organismen, Individuen, Beziehungen und Gesellschaften finden ihren Weg in der ständigen Korrektur eingeschlagener Entwicklungen und unvermeidbarer Fehler.

Bei der Suche danach, wie es weitergeht, können wir auf die freundliche oder unfreundliche Unterstützung von Irritationen, Problemen und Krisen zählen.

UNRUHE SCHAFFT ERREGUNG

Das Leben ist kein ruhiger, kein sicherer, kein verlässlicher Ort. Ganz im Gegenteil, es ist in ständiger Bewegung und Veränderung begriffen, aus dem einzigen Grund, weil sich seine Elemente in ständiger Bewegung befinden, weil sie füreinander Umwelten bilden und sich gegenseitig ständig stören.

Jedes System hat eine Ordnung aufgebaut, Strukturen und Funktionen, die seine Innenseite ausmachen, und das Chaos auf seine Außenseite verbannt, von wo es auf das System einwirkt.

Störung und Zerstörung ist der Preis, zu dem Ordnung zu haben ist.

Doch nicht einmal seine Fortführung ist einem System garantiert. Die Gefahr unterzugehen lauert permanent im Nichtwissen, von dessen Veränderungen ein System ununterbrochen bedroht wird. Auf die ständige Bedrohung ihrer Existenz reagieren Systeme mit Unruhe und Aufregung, also mit dem Bemühen, erhalten zu bleiben.

Diese Unruhe, die im Bemühen entsteht, dem Leben zu folgen und Anschluss an dessen Veränderungen zu finden, möchte ich als die *Erregung des Lebens* bezeichnen.

ERREGUNG BRAUCHT GEFAHR

Die Erregung des Lebens hängt unmittelbar mit der Gefahr des Untergangs zusammen, ohne die es keine Bewegung und keine Entwicklung zu geben scheint. Leben ist die ständige Suche danach, wie es unter den Bedingungen der Gefährdung weitergeht. Die Gefahr erweist sich als eine Bedingung von Intelligenz, worauf Dirk Baecker hinweist.

Intelligenz scheint darauf angewiesen zu sein, schon beim Selbstbezug auf etwas anderes als auf sich selbst zu stoßen, um ausgehend von dieser ersten Differenzerfahrung, dieser ersten Unruhe, diesem ersten Unterschied zwischen mir und allem anderen ... die Welt erkunden zu können.[44]

Intelligenz, also Leben, braucht zu seiner Entwicklung den Unterschied, nicht die Harmonie, die Spannung, nicht den Gleichklang.
Lebendigkeit braucht die Gefahr, nicht die Sicherheit.
Man kann wohl davon ausgehen, dass erst die Möglichkeit des Untergangs und die dadurch ausgelöste Unruhe das Leben lebendig und spannend werden lassen.

GEFAHR BRINGT LEBENDIGKEIT

Veränderungssituationen werden als *spannend* empfunden, weil man darin zwischen mitgebrachter Ordnung und deren Überwindung, zwischen alter und neuer Identität *aufgespannt* ist. Das Leben ist spannend, es ist lebendig, solange es gefährlich ist.
Somit erweisen sich Irritationen und Störungen des psychischen, partnerschaftlichen oder gesellschaftlichen Systems als Geburtsorte der Lebendigkeit.
Die Gefahr, das Problem, die Krise versetzen die Psyche in einen Erregungszustand und regen sie zu Bewältigungen an, und dieser Vorgang wird als lebendig erlebt.
Man könnte sagen, im Normalzustand lebt ein System, in Gefahr aber wird es lebendig.
Ob eine spezifische Störung als positiv bewertet oder negativ aufgefasst wird, ist dabei unerheblich, da diese Bewertung immer von der alten, der vom Untergang bedrohten

Identität getroffen wird. Ausschlaggebend ist jedoch allein das Streben des Lebendigen, lebendig zu bleiben.

Das Gefühl, ein lebendiges Leben zu führen lässt sich damit als Übergangsphänomen begreifen, das nicht im Erhalt einer Ordnung, sondern in deren Überwindung auftritt. Nicht Harmonie und die sowieso unmögliche Lösung aller Probleme versprechen das lebendige Leben, sondern Unruhe, Erregung und Gefahr.

Tatsächlich scheinen Menschen die Erregung des Lebens zu suchen. Stellen die Lebensumstände diese Erregung nicht unmittelbar bereit (was, wie in diesem Buch beschrieben, in Krisen der Fall ist), wird sie mittelbar hergestellt.

Um die Erregung des Lebens absichtlich herzustellen, bieten sich zwei grundsätzliche Möglichkeiten an: entweder die *sinnliche Verdichtung* oder die *Bedeutungserhöhung.*

SINNLICHE VERDICHTUNG

In sinnlicher Verdichtung wird Lebendigkeit durch mutwillig herbeigeführte Gefahren hervorgerufen.

Hierzu gehören beispielsweise die heute so beliebten Extremsportarten. Darin suchen durch ihre Lebensumstände abgesicherte, rundum versorgte, aus geordneten Verhältnissen stammende – also unterforderte und gelangweilte junge Menschen – die Erregung des Lebens. Man stürzt sich Berghänge hinab, klettert ohne Seil und Sicherung steilste Berghänge empor, jagt mit Motorrädern durchs Gelände oder lässt sich von Gewichten 100 Meter tief ins Meer hinabziehen. Diese Gefahren liefern die Lebendigkeit und Erregung, die der abgesicherte Alltag nicht bereitstellen kann.

Der Nachkriegsgeneration stand eine vergleichbare sinnliche Dichte und damit Erregung aufgrund der äußeren Umstände von selbst zur Verfügung. Essensbeschaffung, Kohlenklau, Schmuggel – die alltäglichen Gefahren hatten zahlreiche Facetten. Deshalb erzählen viele Alte noch heute mit leuchtenden Augen von dieser Zeit, die nicht nur als schwer, sondern auch als spannend, nicht nur als entbehrungsreich, sondern auch als extrem aufregend und lebendig erlebt wurde.

BEDEUTUNGSERHÖHUNG

Eine weitere Möglichkeit, die Erregung des Lebens zu steigern, stellt die Bedeutungserhöhung dar.

Einen guten Wein zu trinken reicht dem materiell überversorgten Menschen auf Dauer nicht aus. Irgendwann muss ein Chateau Rothschild her. Einen glitzernden Stein zu tragen genügt nicht, es muss ein echter Diamant sein.

Zwar kann kaum jemand den guten Wein im Blindtest vom teuren unterscheiden und fast niemand den Kunst- vom Naturdiamanten. Dennoch verschafft nur der sündhaft teure und dadurch einzigartige Gegenstand die gesuchte Erregung. Es ist aufregend, einen echten Picasso an der Wand zu haben. Wie es scheint, lebt unsere Wirtschaft nicht unwesentlich von solchen Bedeutungserhöhungen, also von der Suche nach der Erregung des Lebens.

Mit der höheren Bedeutung, die Gegenständen verliehen wird, erhöhen sich die Barrieren, die sich vor den Dingen auftürmen, und damit wächst die Gefahr zu scheitern.

Konsum kostet und man kann Konsum als eine moderne Form der Opferung ansehen.

Im Konsum wird Lebenskraft geopfert, und zugleich stellt er eine Möglichkeit zur Verfügung, künstlich Gefahren zu schaffen. Es ist nie genug, es muss immer noch mehr sein, die Risiken wachsen und daher kann man ständig scheitern. In der Suche nach dieser Art von Erregung gelingt es selbst Milliardären, Bankrott zu gehen.

Konsum als Form der Verschwendung bedeutet auch die Opferung von Sicherheit auf der Suche nach Erregung.

DAS BEDÜRFNIS NACH VERSCHWENDUNG

Der Philosoph Georges Bataille hat mit seiner »Allgemeinen Ökonomie« eine Erklärung dafür geboten, auf welche Weise sich Menschen der Überschüsse ihrer produktiven Tätigkeiten auf der Suche nach Erregung entledigen. Er betont[45], dass ein Opfer (Sakrifizium) etymologisch die Erzeugung heiliger Dinge durch Verlusthandlungen darstellt.

Die wirtschaftliche Produktion dient nach Bataille nur teilweise den reinen Überlebensbedürfnissen, der weitaus größte Anteil der von ihr geschaffenen Produkte wird vom Bedürfnis nach Verschwendung beansprucht. Die Verschwendung stellt eine Form der Verbindung mit dem Urgrund (religio) dar, sie öffnet eine intime Verbindung zur verlorenen Einheit. Deshalb, so Bataille, verhält sich die gesuchte intime Welt zur realen Welt wie das Unmaß zum Maß, der Wahnsinn zur Vernunft, der Rausch zur Klarheit.

Ich behaupte, dass sogar der Wahnsinn nur eine schwache Vorstellung von dem vermittelt, was das freie, überhaupt nicht der realen Ordnung unterworfene, nur vom Augenblick erfüllte Subjekt wäre. Das Subjekt verlässt seinen eigenen Bereich und unterwirft sich der realen Ordnung, sobald es sich um die Zukunft kümmert. Wenn ich mich nicht mehr darum kümmere, was sein wird, sondern nur noch um das, was ist, warum sollte ich dann irgendetwas zurückhalten? Ich kann auf der Stelle, ohne jede Ordnung, die Gesamtheit der Güter, über die ich verfüge, verzehren. Diese nutzlose Verzehrung ist das, was mir gefällt, sobald die Sorge um den nächsten Tag nicht mehr besteht.[46]

Die Menschheit hat von Anbeginn an in religiösen Orgien, verschwenderischem Tun wie dem Pyramidenbau, den Statuen der Osterinseln, zahllosen Monumenten und anderen Opferhandlungen wie Sklaventötung, Feldzügen und Kriegen excessive Verschwendung betrieben, und sie praktiziert diese Verschwendungen bis heute unverändert, einschließlich des Krieges. Konsum reiht sich in diese Opferungen als eine Form der Verschwendung ein.

ORDNUNG UND CHAOS

Der Motor des Lebendigen scheint im Konflikt zwischen Ordnung und Chaos zu liegen. Systeme bilden sich, indem sie eine Ordnung aufbauen und sich mit der Hülle Identität vom Chaos abgrenzen. Dennoch scheint eine Sehnsucht nach dem Chaos zu bestehen, nach der Verbindung mit dem Urgrund, danach, Teil des Ausgeschlossenen zu sein.

Das Leben sucht die Zukunft – seinen Erhalt – und ist dazu auf Struktur und Ordnung angewiesen. Dem entgegen besteht anscheinend ein Bedürfnis danach, die Ordnung, die Planung, die Zukunft und die Sicherheit – jene Feinde des Subjekts – immer wieder zu zerstören und in dieser Zerstörung als Subjekt wieder aufzuerstehen. Es muss ein Bedürfnis danach geben, Ordnungen zu zerstören, um dann wieder neue Ordnungen aufzubauen, und dieses Bedürfnis scheint sich in der Suche nach Erregung zu äußern.

DIE ÜBERWINDUNG DER ZUKUNFT

Viele der seltsamen Phänomene, denen wir heute begegnen, werden durch diese Suche nach Erregung erklärbar.

Warum lassen so genannte gestandene Männer oder Frauen ihre Partner, die Kinder, das Haus zurück, um sich Hals über Kopf in ein Liebesabenteuer zu stürzen? Warum gehen Menschen unüberschaubare wirtschaftliche Risiken ein, um noch mehr von dem zu haben, von dem sie eh schon zu viel besitzen? Warum gelingt es nicht, die Gewalt zu beseitigen? Warum gelingt es nicht einmal, den Krieg, diese exzessivste Form der Verschwendung, aus dem Leben zu verbannen?

Was sind die Gründe dieses ganz normalen Wahnsinns? Es bieten sich Erklärungen für diese Phänomene an, die nicht auf eine Pathologisierung dieser Verhaltensweisen hinauslaufen.

Könnte es nicht die Suche nach der Lebendigkeit sein, die Menschen dazu treibt, ihre Ordnungen zu zerstören und sich immer wieder der Ungewissheit auszusetzen? Treibt uns nicht die Lust an der Zerstörung der scheinbar so »sicheren« Zukunft, deren Sklave wir sind, zu den merkwürdigsten Destruktionen und zur Verschwendung?

Ist es nicht die Suche nach Gefahr und Unmittelbarkeit, die den Sieg der Emotion über jede Rationalität ermöglicht?

Entgegen allem Anschein übt nicht das abgesicherte, sondern das gefährdete Leben die größere Anziehung auf Menschen aus, zumindest tut es das immer wieder.

SPANNENDE BEWÄLTIGUNGEN

Was ist ein lebendiges Leben? Stellen Sie sich einen gemütlichen Abend unter Freunden vor, an dem viele Geschichten erzählt werden. Einer der Anwesenden erzählt von seiner schönen Kindheit, von der reibungslosen Jugend, dem glatt verlaufenen Studium, seiner Heirat – er schildert ein gelungenes und scheinbar erfolgreiches Leben, das ohne Tiefen, aber auch ohne Höhen verläuft. Nach spätestens zehn Minuten werden die Zuhörer zu gähnen beginnen und sich anderen, spannenderen Geschichten zuwenden.

Solchen Geschichten, in denen Unvorhersehbares auftauchte, Situationen, in denen Angst und Erregung wuchsen, gefährliche Situationen und schließlich: deren Bewältigung.

Die spannenden Geschichten des Lebens schildern nicht sein glattes Gelingen, sondern die Bewältigung des Scheiterns.

Wodurch zeichnet sich ein erfolgreiches Leben aus? Keinesfalls durch Besitz oder einen glatten Verlauf. Erfolg im Leben ergibt sich aus der Bewältigung schwieriger Situationen.

DIE ERREGUNG DES IDENTITÄTSWECHSELS

Das lebendige Leben, so scheint es, weist Brüche auf und sucht Gefahren. Die ehemalige Lehrerin und Gestalttherapeutin Heidemarie Schwermer[47] entschloss sich 1996, ein Jahr lang ohne Geld zu leben. Es sollte ein Experiment sein. Inzwischen sind acht Jahre daraus geworden. Die 62-Jährige lebt ohne Wohnung und Sozialversicherung, sie bietet ihre Dienste im Tausch gegen Unterkunft und Beköstigung an, reist das ganze Jahr durchs Land und lernt dabei interessante Menschen kennen. In einer Podiumsdiskussion[48] bezeichnet sie ihr Leben als spannend, abenteuerlich und sehr lebendig. »Ich bin gezwungen, sehr wach zu sein. Mein Leben ist ein einziges Abenteuer. Ich möchte nichts mehr dafür eintauschen.«

Gefahr verdichtet das Erleben auch in Partnerschaften. So schildert ein Mann, dessen Frau an Krebs erkrankte, in gefühlsbetonten Worten das Erleben des Paares unter diesen extremen Umständen: »Seit der Hauch des Todes uns umweht, begegnen wir uns tiefer, so tief, wie es nur in der Anfangsphase unserer Liebe möglich war.«

DIE FREIHEIT DER STERBLICHKEIT

Ein Leben in Ungewissheit, dieser Schluss bietet sich an, ist nicht allein ein unsicheres, möglicherweise angstbehaftetes, sondern auch ein lebendiges Leben.

Letztlich ist das Leben immer wieder ungewiss. Auch wenn wir darauf angewiesen sind, uns an scheinbare Gewissheiten zu klammern, an Identitäten und Erwartungen, wird diese Ruhe nicht lange währen. Die nächste Veränderung, die nächste Störung, die nächste Krise und die damit verbundene Unruhe und Erregung kommen bestimmt.

Die Ungewissheit des Lebens bietet neben Angst und Aufregung auch die Chance auf Lebendigkeit.

Der Psychologe Arnold Retzer weist auf solche Möglichkeiten hin, die sich aus dem ungewissen Leben ergeben.

Inzwischen ist alles und jeder auf der Suche nach einem Schicksal, in dem er an dem ihm zugewiesenen Platz mitspielen kann, um so vermeintlich dem Zufall zu entgehen und Trost zu finden. Dabei wird zu wenig bedacht, welche Möglichkeiten die Trostlosigkeit wie auch die Schicksallosigkeit bieten.

Der Autor zitiert den ungarischen Schriftsteller Imre Kertész, der als 15-Jähriger das Vernichtungslager Auschwitz überlebte und der in einem seiner Romane schreibt:

Ich lebe nicht radikal genug. Ich lebe, als erwarte mich ewiges Dasein und nicht völlige Vernichtung. Das heißt, ich lebe in der Knechtschaft meiner Zukunft und nicht in der unendlichen Freiheit meiner Sterblichkeit.[49]

ANMERKUNGEN

[1] *Fünf Lügen, die Liebe betreffend* befasst sich mit der Machbarkeit der Sexualität in Langzeitbeziehungen. *Die Glückslüge* erforscht die Machbarkeit von Erfolg, Gesundheit, Reichtum und Glück. *Mythos Liebe* betrachtet die Steuerbarkeit von Paarbeziehungen.

[2] Dirk Baecker/Alexander Kluge, *Vom Nutzen ungelöster Probleme*, Berlin 2003.

[3] Siehe hierzu die Bücher *Einführung in die Systemtheorie* von Niklas Luhmann und *Vom Nutzen ungelöster Probleme* von Dirk Baecker und Alexander Kluge.

[4] Niklas Luhmann, *Einführung in die Systemtheorie*, Heidelberg 2002, S. 121.

[5] Niklas Luhmann, *ebenda*, S. 124.

[6] Dazu Niklas Luhmann: »Diese schmale Bandbreite von Einwirkungsmöglichkeiten mit enormen Steigerungsgewinnen, Häufungsgewinnen, Wahrscheinlichkeitsgewinnen auf der einen Seite und der Ausschließung von allen anderen Sachverhalten der Welt, es sei denn, sie wirken destruktiv, auf der anderen Seite bezeichnet der Begriff der strukturellen Kopplung. Destruktion bleibt immer möglich, und daran ist ablesbar, dass die Evolution, wenn sie immer voraussetzungsvollere strukturelle Kopplungen baut und benötigt, um die Systeme in ihrer Autopoiesis der Umwelt anzupassen, ihr eigenes Destruktionspotential steigert.« Niklas Luhmann, *Einführung in die Systemtheorie*, Heidelberg 2002, S. 124.

[7] Niklas Luhmann, *ebenda*, S. 77.

[8] Niklas Luhmann, *ebenda*, S. 137.

[9] Dirk Baecker in einem Interview mit Michael Mary, Berlin 2004.

[10] Dirk Baecker/Alexander Kluge, *Vom Nutzen ungelöster Probleme*, Berlin 2003, S. 25.

11 Zitiert aus *Focus* 17/2004.
12 Zitiert aus *Focus* 17/2004.
13 Siehe hierzu Michael Mary, *Die Glückslüge*, Bergisch Gladbach 2003.
14 Niklas Luhmann, *Einführung in die Systemtheorie*, Heidelberg 2002, S. 103.
15 Arnold Retzer, *Passagen – systemische Erkundungen*, Stuttgart 2002, S. 189.
16 Dirk Baecker in einem Interview mit Michael Mary, 2004.
17 Ebenda.
18 Dirk Baecker/Alexander Kluge, *Vom Nutzen ungelöster Probleme*, Berlin 2003, S. 69.
19 Niklas Luhmann, *Einführung in die Systemtheorie*, Heidelberg 2002, S. 170.
20 Niklas Luhmann, ebenda, S. 127.
21 Zitiert aus Herlinde Koebl, *Spuren der Macht*, München 2002, S. 32.
22 Siehe Bericht in *Der Spiegel* 45/2004.
23 Dirk Baecker in einem Interview mit Michael Mary, Berlin 2004.
24 *Der Spiegel* 27/2004, S. 148.
25 Zitiert aus *Der Spiegel* 17/2004.
26 Siehe zum Thema »Beziehung als eigenständiges Wesen«: Michael Mary, *Mythos Liebe*, Bergisch Gladbach 2004.
27 Siehe hierzu: Michael Mary, *Mythos Liebe*, Bergisch Gladbach 2004.
28 Wer sich zum Thema Innenseite und Außenseite von Beziehungen weiter informieren möchte, dem empfehle ich: Arnold Retzer, *Systemische Paartherapie*, Stuttgart 2004.
29 Arnold Retzer, *Systemische Paartherapie*, Stuttgart 2004, S. 71.
30 Siehe hierzu: Michael Mary, *Fünf Wege, die Liebe zu leben*, Hamburg 2002.
31 Siehe hierzu ausführlich Michael Mary, *Mythos Liebe*, Bergisch Gladbach 2004.
32 Zitiert aus Arnold Retzer, *Systemische Paartherapie*, Stuttgart 2004, S. 326.
33 Arnold Retzer, *Systemische Paartherapie*, Stuttgart 2004, S. 326.
34 Siehe hierzu: Michael Mary, *Fünf Wege, die Liebe zu leben*, Hamburg 2002.
35 Dirk Baecker in einem Interview mit Michael Mary, Berlin 2004.
36 Ebenda.
37 Ebenda.
38 Niklas Luhmann, *Gesellschaftsstruktur und Semantik*, Frankfurt 1999, S. 19.
39 Dirk Baecker in einem Interview mit Michael Mary, Berlin 2004.
40 *Hamburger Abendblatt* vom 20.10.2004.
41 Dirk Baecker in einem Interview mit Michael Mary, Berlin 2004.
42 Niklas Luhmann, *Aufsätze und Reden*, Stuttgart 2001, S. 122.

43 Siehe hierzu: Michael Mary, *Die Glückslüge*, Bergisch Gladbach 2003.
44 Dirk Baecker/Alexander Kluge, *Vom Nutzen ungelöster Probleme*, Berlin 2003, S. 19 ff.
45 Georges Bataille in *Die Aufhebung der Ökonomie*, München 1985.
46 Georges Bataille, ebenda, S. 89.
47 Heidemarie Schwermer, *Das Sterntalerexperiment. Mein Leben ohne Geld*, München 2001.
48 Im Rahmen des Theaterfestivals »Simple Live« am 21.11.2004 in Berlin.
49 Arnold Retzer, *Passagen – Systemische Erkundungen*, Stuttgart 2002, S. 302.

*Lassen Sie sich vom Glück
nicht stressen – nehmen Sie lieber die
»Umleitung zum Glücklichsein«!*

Michael Mary
DIE GLÜCKSLÜGE
Vom Glauben an die
Machbarkeit des Lebens
Sachbuch
288 Seiten
ISBN 978-3-404-60553-8

Die menschliche Sehnsucht nach *dem* Glück ist ganz normal. Alle Menschen möchten glücklich sein, und das am liebsten sofort und für immer. Daher garantieren moderne Glücksgurus jedem Erfolg, Gesundheit, Reichtum und Erfüllung. Sie behaupten, das Glück sei lernbar und das Leben könne gesteuert werden. Doch das Leben ist keine kontrollierbare Trainingseinheit. Michael Mary zeigt in diesem Buch, wie wir uns von den absurden Ansprüchen eines geplanten Lebens und den Zwängen des modernen Machbarkeitswahns befreien können.
Entspannen Sie sich ...

Bastei Lübbe Taschenbuch

Was ist der Sinn des Lebens? Ihr Sinn ...

Michael Mary
LEBE DEINE TRÄUME
Sachbuch
160 Seiten
ISBN 978-3-404-60561-3

Jeder Mensch in unserem Kulturkreis ist permanent damit beschäftigt, etwas zu erreichen. Und das Leben bietet scheinbar eine Fülle von Möglichkeiten. Man kann reich werden, zum Mond fliegen oder den Nobelpreis gewinnen, kein Auto besitzen oder gleich mehrere, in Familien leben oder im Kloster, Präsident werden oder Bauer, auswandern oder in der Stadt wohnen. Doch wen macht was glücklich? Wie kann ein Mensch seinen Lebenssinn finden, und wie kann er ihn verwirklichen? Michael Marys Buch ist aus der Begleitung von Menschen entstanden und bietet praktische Orientierung. Denn jeder kann seinen Lebenssinn finden, indem er seine eigenen Lebensträume entdeckt. Und lebt ...

Bastei Lübbe Taschenbuch

*Die Liebe ist ein Spiel –
aber folgt sie auch bestimmten Regeln?*

Michael Mary
MYTHOS LIEBE
Lügen und Wahrheiten
über Beziehungen
und Partnerschaften
224 Seiten
ISBN 978-3-404-60566-8

Wäre es nicht fantastisch, das Leben und die Liebe bewusst steuern zu können? Könnte man durch die »richtige« Beziehungsarbeit Partnerschaft, Liebe und Glück für immer garantieren? Viele Psychoratgeber sagen Ja, Michael Mary sagt Nein. Die Liebe zwischen Frau und Mann ist eines der letzten Abenteuer des Lebens. Sie steuern zu wollen wäre absurd. Und hätte den gegenteiligen Effekt: Denn Liebe und Kontrolle vertragen sich überhaupt nicht. In »Mythos Liebe« entwickelt Michael Mary einen ganz neuen Ansatz, um Liebesglück in Beziehungen zu finden.
Vergessen Sie alle Regeln und lassen Sie sich überraschen!

Bastei Lübbe Taschenbuch